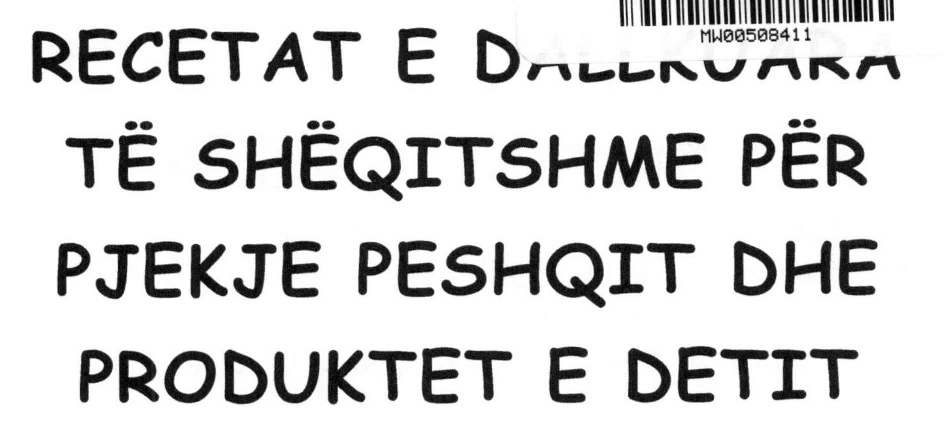

RECETAT E DALLKUARA TË SHËQITSHME PËR PJEKJE PESHQIT DHE PRODUKTET E DETIT

100 RECETA TË THJESHTA PËR REZULTATE SPEKTAKOLARE

Brikena Spaho

Mohim përgjegjësie

Informacioni i përmbajtur në këtë eBook ka për qëllim të shërbejë si një koleksion gjithëpërfshirës i strategjive për të cilat autori i këtij libri elektronik ka bërë kërkime. Përmbledhjet, strategjitë, këshillat dhe truket rekomandohen vetëm nga autori, dhe leximi i këtij libri elektronik nuk do të garantojë që rezultatet e dikujt do të pasqyrojnë saktësisht rezultatet e autorit. Autori i librit elektronik ka bërë të gjitha përpjekjet e arsyeshme për të ofruar informacion aktual dhe të saktë për lexuesit e librit elektronik. Autori dhe bashkëpunëtorët e tij nuk do të mbajnë përgjegjësi për ndonjë gabim ose lëshim të paqëllimshëm që mund të gjendet. Materiali në eBook mund të përfshijë informacione nga palë të treta. Materialet e palëve të treta përmbajnë mendime të shprehura nga pronarët e tyre. Si i tillë, autori i librit elektronik nuk merr përsipër përgjegjësi ose përgjegjësi për ndonjë material ose opinion të palëve të treta.

TABELA E PËRMBAJTJES

PREZANTIMI

Ne e dimë, e dimë, nëse do të shkoni në një gatim, po prisni burgera dhe hot dog të pjekur në skarë, ndoshta edhe disa brinjë BBQ ose perime të pjekura në skarë. Por imagjinoni këtë: një peshk i mrekullueshëm, agrume, delikat ose butak që piqet në skarë së bashku me ato klasike. Nga karkaleca dhe fiston te salmoni dhe merluci, me çdo gjë nga karavidhe te peshku shpatë në mes, fjalë për fjalë çdo gjë shkon kur bëhet fjalë për pjekjen e ushqimeve të detit.

Ka disa rregulla të vështira dhe të shpejta që do t'i ndihmojnë ushqimet tuaja të detit të pjekura në skarë të dalin më të mirën e tyre. Pjesa më e vështirë për pjekjen e peshkut në skarë është të siguroheni që lëkura e krisur të mos ngjitet në skarë. Disa këshilla: Së pari, lyeni plotësisht grilat tuaja të skarës me një leckë ose peshqir letre të njomur me vaj vegjetal (përdorni një me pikë tymi të lartë, shikoni udhëzuesin tonë për vajrat e gatimit për më shumë informacion) përpara se të shtoni peshkun. Më pas, sigurohuni që po gatuani në nxehtësi të lartë (400°-450°) dhe pasi peshku juaj të jetë në skarë, mos e prekni derisa lëkura të bëhet krokante.

PESHK I BARDHË I PJEKUR

1. Brekë e pjekur në skarë me kopër

Rendimenti: 1 porcion

Përbërësit

- 4 fileto krapi
- Vaj ulliri për larje
- 10 Shalots; i qëruar, i segmentuar
- 4 karota; Segmentuar imët
- 1 Kopër e plotë; bërthama, e përgjysmuar
- 2 majë shafran
- Verë e bardhë e ëmbël
- 1-litë lëng peshku
- Krem i dyfishtë 1 litër
- Një portokall; lëngun e
- 1 tufë koriandër; prerë imët

Drejtimet

a) Gatuani karotat, qepujt, kopër dhe shafranin në vaj ulliri pa ngjyrosur për 3-4 minuta. I mbulojmë me verë perimet për tre të katërtat dhe i pakësojmë plotësisht.

b) Shtoni lëngun e peshkut dhe zvogëloni me një të tretën. Kontrolloni karotat duke i reduktuar dhe nëse sapo janë gatuar, kullojeni pijen nga perimet dhe kthejeni pijen në tigan për ta reduktuar më tej. Lërini mënjanë perimet.

c) Shtoni kremin në pijen reduktuese dhe zvogëloni që të trashet pak. I lyejmë filetot e krapit me vaj ulliri dhe i grijmë në grilë nga ana e lëkurës poshtë.

d) Shtoni lëngun e portokallit në lëngun e reduktuar dhe ktheni perimet në tigan. I rregullojmë dhe i shërbejmë me peshkun.

2. Troftë përroi BBQ

Rendimenti: 1 porcion

Përbërësit

- $\frac{1}{4}$ filxhan mustardë të verdhë
- $\frac{1}{4}$ filxhan salcë djegës
- 2 lugë sheqer kaf
- 1 lugë çaji kripë
- 1 qepë e grirë
- 1 lugë çaji salcë Worcestershire
- 4 Troftë e pastruar

Drejtimet

a) Përzieni mustardën, salcën djegës, sheqerin kaf, kripën, qepën dhe Worcestershire në një tenxhere të vogël; ziejnë për 10 minuta.

b) Vendoseni peshkun në një skarë me tela të lyer mirë; lyej me salcë.

c) Grijini në skarë 8 minuta nga secila anë, duke e larë herë pas here.

3. Troftë e pjekur në skarë

Rendimenti: 4 porcione

Përbërësit

- 4 (10 oz) troftë
- ½ filxhan majonezë
- 1 domate e madhe; Segmentuar
- 4 limonë; Segmentuar
- 2 qepë; Segmentuar

Drejtimet

a) Lehni skarë dhe lërini qymyr të digjen. Pastroni troftën dhe lini kokën lart. Përhapni majonezë në brendësi të troftës. Vendosni domatet e segmentuara brenda troftës

b) Hapni skarën e peshkut dhe vendosni qepë dhe limon gjysmë të segmentuar, troftën dhe pjesën e mbetur të qepëve dhe limonëve. Mbyllni skarën e peshkut.

c) Ose vendoseni në një rotiseri për 15 minuta ose gatuajeni për 6 deri në 7 minuta nga njëra anë dhe kthejeni për 5 deri në 6 minuta

d) Shërbejeni me salcë kopër ose salcë tjetër të preferuar. Në mungesë të skarës së peshkut, limonët dhe qepët mund të vendosen direkt në skarë me qymyr

4. mustak krokan i pjekur në skarë

Rendimenti: 1 porcion

Përbërësit

- 4 Mustak i tërë
- $\frac{1}{2}$ filxhan gjalpë; i shkrirë
- $\frac{3}{4}$ filxhan thërrime krisur të grimcuara imët
- 1 lugë çaji kripë me erëza
- $\frac{1}{2}$ lugë çaji kripë selino
- $\frac{1}{2}$ lugë çaji kripë hudhër

Drejtimet

a) Përzieni thërrimet e krisur dhe erëzat në një enë të cekët.

b) Lyejeni çdo peshk në gjalpë të shkrirë dhe më pas rrokullisni në thërrime të kalitura.

c) Vendoseni peshkun në një raft të lyer me vaj katër inç mbi qymyr të nxehtë. Gatuani 8 deri në 10 minuta nga çdo anë, duke e rrotulluar butësisht një herë.

5. Troftë e tymosur me kripur

Përbërësit:

- 2 Troftë e plotë (e freskët, me lëkurë, kockat e gjilpërave të hequra)
- 3 gota shëllirë me peshk të freskët

Drejtimet:

a) Hidheni troftën në një enë plastike të mbyllur dhe derdhni në enë Shëllirë të freskët peshku
b) Transferoni fileton në tepsi për grill që nuk ngjit dhe vendoseni në duhanpirës për 1 minutë
c) Vazhdoni të pini duhan derisa niveli i brendshëm i tonit të rritet në 145°F
d) Hiqini nga duhanpirësi dhe lërini të pushojnë për 5 minuta
e) Shërbejeni dhe shijoni

6. Trofta e kampit të peshkut

Përbërësit:

- 4 troftë të vogla të plota, të pastruara
- 4 rripa proshutë
- 4 degë trumzë të freskët
- 1 limon
- kripë dhe piper për shije

Drejtimet:

a) Grilat e vajit dhe ngrohja e grilës me pelet. Skuqni proshutën, në mënyrë që të fillojë të gatuhet, por të jetë ende e butë. Shpëlajeni troftën dhe thajeni me një peshqir letre.

b) Vendosni një degë trumzë brenda secilit peshk. Mbështilleni çdo troftë me një rrip proshutë dhe sigurojeni me një kruese dhëmbësh.

c) Vendoseni troftën në skarë me pelet ose në një shportë grill të lyer me vaj dhe piqni në skarë 5-7 minuta për anë, në varësi të madhësisë së troftës. Trofta bëhet kur mishi bëhet i patejdukshëm në qendër dhe del lehtësisht.

d) Shtrydhni pak lëng limoni të freskët mbi çdo peshk dhe shërbejeni.

7. Piper-kopër Mahi-Mahi

Përbërësit:

- 4 fileto mahi-mahi
- $\frac{1}{4}$ filxhan kopër të freskët të copëtuar
- 2 lugë gjelle lëng limoni të saposhtrydhur
- 1 lugë gjelle piper të zi të grimcuar
- 2 lugë çaji hudhër të grirë
- 1 lugë çaji pluhur qepë
- 1 lugë çaji kripë
- 2 luge vaj ulliri

Drejtimet:

a) Pritini filetot sipas nevojës, duke prerë çdo vijë gjaku të kuqe të dukshme. Nuk do t'ju dëmtojë, por aroma e tij më e fortë mund të përshkojë shpejt pjesën tjetër të filetos.
b) Në një tas të vogël, përzieni së bashku koprën, lëngun e limonit, kokrrat e piperit, hudhrën, pluhurin e qepës dhe kripën për të bërë një erëza.
c) Fërkojeni peshkun me vaj ulliri dhe aplikojeni erëzën kudo. Lyejeni me vaj grilën e skarës ose një rrogoz skarë që nuk ngjit ose ekranin e shpuar të picës.
d) Vendosini filetot në raftin e duhanpirësit dhe pini duhan për 1 deri në 1 orë e gjysmë.

8. Levreku i pjekur në skarë me një salcë

Rendimenti: 4 Shërbim

Përbërës

- 4 levrekë të vegjël të tërë
- 4 lugë gjelle vaj ulliri; të ndarë
- thelbi
- ½ filxhan qepë të copëtuara
- 1 filxhan i qëruar; domate rome me fara, te prera
- ⅓ filxhan ullinj të zinj pa fara
- 1 filxhan fasule të freskëta; i zbardhur, i qëruar
- 1 lugë gjelle hudhër të grirë
- 2 lugë çaji fileto açugeje të grira
- 1 lugë gjelle majdanoz i freskët i grirë hollë
- 1 lugë gjelle borzilok të freskët të grirë
- 1 lugë gjelle trumzë e freskët e copëtuar
- 1 lugë gjelle rigon i freskët i grirë
- ½ filxhan verë të bardhë
- 1 shkop gjalpë; prerë në lugë gjelle
- 1 kripë; për shije
- 1 piper i zi i sapo bluar; për shije
- 2 lugë majdanoz të grirë hollë

a) Ngrohni grilin. Duke përdorur një thikë të mprehtë, bëni tre prerje mbi secilin peshk në një kënd. Fërkoni secilin peshk me 2 lugë vaj ulliri dhe lyejeni me Emeril's Essence. Vendoseni peshkun në skarë të nxehtë dhe piqeni në skarë për 4 deri në 5 minuta nga secila anë, në varësi të peshës së secilit peshk. Në një tigan, ngrohni vajin e mbetur të ullirit. Kur vaji të jetë i nxehtë, kaurdisni qepët për 1 minutë. Shtoni domatet, ullinjtë e zinj dhe fasulet. I rregullojmë me kripë dhe piper. Skuqeni për 2 minuta.

b) Hidhni hudhrat, açugat, barishtet e freskëta dhe verën e bardhë. Lëngun e lemë të vlojë dhe e zvogëlojmë në zjarr të ngadaltë. Ziejini për 2 minuta.

c) Palosni gjalpin, një lugë gjelle në një kohë.

9. Bass i pjekur në skarë në lëvozhgë misri

Përbërësit:

- 2 kallinj misër të freskët
- 2 kilogramë fileto bas me gojë të vogël, të prera në katër pjesë
- 4 lugë gjalpë pa kripë, të prerë në copa
- Lëng nga 1 limon (rreth 3 lugë)
- Kripë dhe piper i zi i sapo bluar
- Pika limoni

a) Ngrohni grilin.

b) Qëroni me kujdes lëvozhgat e misrit dhe lërini mënjanë. Tërhiqeni të gjithë mëndafshin nga çdo kalli.

c) Duke i mbajtur kallinjtë drejt, i presim poshtë me një thikë të mprehtë, duke e prerë misrin në rreshta. Hidhni kallinjtë dhe lëreni mënjanë misrin e prerë.

d) Përhapeni dhe shtypni dy ose tre lëvozhga për fileto. Spërkatni një shtresë misri mbi gjethet dhe vendosni një fileto në kënd të drejtë me lëvozhgat, një mbi çdo "pako".

e) I mbulojmë filetot me misrin e mbetur. Lyeni misrin me copat e gjalpit.

f) Spërkatni lëngun e limonit mbi çdo fileto dhe rregulloni me kripë dhe piper.

g) Palosni lëvozhgat mbi pjesën e sipërme të pakove nga të gjitha anët (për të formuar një formë zarfi) dhe fiksoni me kruese dhëmbësh.

h) Vendoseni në skarë për rreth 6 minuta; kthejeni me kujdes me një shpatull dhe ziejini për 6 minuta më shumë, ose derisa lëvozhgat të jenë djegur pak.

i) Shërbejeni menjëherë me copat e limonit.

10. Skewers peshku në Barbecue

Rendimenti: 4 porcione

Përbërësit

- 1 kile peshk i bardhë i fortë
- 1 lugë çaji kripë
- 6 thelpinj hudhër
- $1\frac{1}{2}$ inç xhenxhefil me rrënjë të freskët
- 1 lugë gjelle Garam masala
- 1 lugë gjelle koriandër të bluar
- 1 lugë çaji piper i kuq
- 4 ons Jogurt i thjeshtë
- 1 lugë gjelle vaj vegjetal
- 1 Limon
- 2 speca djegës të gjelbër të nxehtë

Drejtimet

a) Fileto dhe peshku me lëkurë më pas priteni në kube 11/2 inç. Vendosni rreth 5 copë në çdo hell dhe spërkatni me kripë.

b) Bëni një pastë nga hudhra, xhenxhefil, erëza dhe kos dhe përdorni atë për të mbuluar peshkun. Lëreni për disa orë dhe më pas piqni në skarë.

c) Hellat mund të spërkaten me pak vaj gjatë gatimit nëse është e nevojshme. Zbukuroni me limon të prerë në copa dhe rrathë të imët të specit të gjelbër djegës me fara.

11. Peshk australian i pjekur në skarë

Rendimenti: 4 porcione

Përbërësit

- 4 biftekë peshku
- $\frac{1}{4}$ filxhan lëng limoni
- 2 lugë vaj vegjetal
- 1 lugë çaji mustardë Dijon
- 2 lugë çaji rrënjë xhenxhefili i freskët, i grirë
- $\frac{1}{4}$ lugë çaji piper i kuq
- Piper i zi

Drejtimet

a) Në një pjatë, përzieni lëngun e limonit, 1 lugë gjelle vaj, xhenxhefilin, specin kajen dhe mjaftueshëm piper të zi të freskët të bluar për t'iu përshtatur shijes tuaj.

b) Marinoni peshkun në shëllirë për 45-60 minuta. Kthejini biftekët 2-3 herë.

c) Gatuani skarën me thëngjij të bardhë dhe lyeni skarën e gatimit me një lugë gjelle vaj të mbetur.

d) Piqni peshkun në skarë, duke e larë disa herë me shëllirë, derisa të gatuhet dhe të bëhet i errët në mes. Kthejeni peshkun pas rreth 4-5 minutash.

e) Koha totale e pjekjes do të varet nga skara juaj dhe nxehtësia e qymyrit.

12. Peshk i pjekur në skarë me glazurë Dijon

Rendimenti: 4 porcione

Përbërësit

- 4 Fileto peshku ose biftekë; 7 ons
- $\frac{1}{4}$ filxhan Glaze me bar limoni Dijon
- $\frac{1}{2}$ filxhan verë e bardhë e thatë
- barishte e freskët; për zbukurim

Drejtimet

a) Ngrohni deri në 500 gradë.

b) Ngroheni tiganin në zjarr të lartë, derisa të jetë shumë i nxehtë.

c) Ndërsa është duke u ngrohur, lyejeni lustër mbi të gjitha sipërfaqet e peshkut, veçanërisht të gjithë mishin.

d) Për të pjekur në skarë: Vendoseni peshkun në skarë dhe gatuajeni, duke e rrotulluar vetëm një herë (për 5 minuta për inç). Hiqeni peshkun nga skara ose hiqeni nga skara dhe vendoseni menjëherë në një pjatë me porcion të ngrohur ose në pjata individuale të ngrohura. Shtoni verën në tigan dhe gatuajeni në temperaturë mesatare, duke e përzier vazhdimisht derisa salca të zvogëlohet përgjysmë. Për pjekje, gatuaj verë dhe 1 lugë glazurë Dijon në një tigan të vogël. Hidhni sipër peshkun, zbukurojeni me barishte të freskëta dhe shërbejeni menjëherë.

13. Tacos peshku me speca të zjarrtë

Përbërësit:

- 1 (16 ons) kuti kartoni të përgatitur me salcë lakër të ëmbël
- 1 qepë e kuqe e vogël, e grirë
- 1 spec poblano, i grirë
- 1 piper jalapeño, i grirë
- 1 spec serrano, i grirë
- $\frac{1}{4}$ filxhan cilantro e freskët e copëtuar
- 1 lugë gjelle hudhër të grirë
- 2 lugë çaji kripë, të ndara
- 2 lugë çaji piper të zi të sapo bluar, të ndarë
- 1 gëlqere, e përgjysmuar
- 1 kile merluc pa lëkurë, shojzë e hapur ose ndonjë peshk i bardhë (shih këshillën)
- 1 lugë gjelle vaj ulliri, plus më shumë për lyerjen e grirës
- Tortila me miell ose misër
- 1 avokado, e prerë në feta hollë

Drejtimet:

a) Lyejeni gjysmën e gëlqeres dhe gjysmën tjetër e prisni në copa. Fërkojeni peshkun në të gjithë me lëng limoni dhe vaj ulliri.

b) Sezoni peshkun dhe vendoseni peshkun në raftin e duhanpirësit dhe pini duhan për 1 deri në 1 orë e gjysmë

14. Troftë flutur e pjekur në skarë

Përbërësit:

- 3 lugë vaj kikiriku
- 1 filxhan shiitake të prerë hollë
- 6-8 thelpinj hudhër, të prera imët
- 1-2 chiles serrano, me fara, të deveinuara
- 1 filxhan lakër të bardhë të grirë
- 1 karotë e vogël, e qëruar dhe e grirë
- $\frac{1}{2}$ filxhan lëng peshku ose pule
- $\frac{1}{4}$ filxhan salcë soje me pak natrium
- Lëng nga 1 limon (rreth 3 lugë)
- 1 troftë me flutur (2 paund)
- 1 lugë çaji rigon i freskët
- 1 lugë çaji kripë
- 1 lugë çaji piper i zi i sapo bluar
- Oriz i bardhë i gatuar

a) Ngrohni 2 lugë gjelle vaj në një tigan të madh ose wok mbi nxehtësinë mesatare-të lartë. Skuqni kërpudhat, hudhrat dhe specat djegës për 3 deri në 4 minuta; shtoni lakrën dhe karotën dhe skuqni 4 deri në 5 minuta më shumë, derisa perimet të jenë ngrohur plotësisht.

b) Hidhni lëngun dhe zvogëloni me një të tretën, rreth 5 minuta. Shtoni salcën e sojës, përzieni dhe zvogëloni nxehtësinë në të ulët për ta mbajtur të ngrohtë.

c) Hidhni 1 lugë të mbetur vaj dhe lëngun e limonit mbi peshkun flutur dhe e rregulloni me rigon dhe kripë e piper.

d) Sigurojeni peshkun e kalitur brenda një koshi me rrjetë teli. Vendoseni shportën në skarë dhe gatuajeni për 4 deri në 5 minuta; kthejeni dhe gatuajeni për 5 minuta më shumë, ose derisa mishi të jetë i errët.

e) Hiqni peshkun nga shporta; E ndajmë në dy servirje dhe sipër i hedhim me lugë salcën ngrohëse. Shërbejeni menjëherë me orizin e bardhë.

15. Perk i pjekur në skarë me portokall gjaku

Përbërësit:

- 2 paund fileto purtekë (4 deri në 8 fileta, në varësi të madhësisë)
- Lëng ½ portokalli (rreth 4 lugë)
- 1 lugë gjelle shurup panje të pastër
- ½ lugë çaji kripë deti
- Qepë të grira për zbukurim
- Sallatë me portokall gjaku
- Bulgur i gatuar ose elb perla

a) Kombinoni filetot, lëngun e portokallit, shurupin e panjës dhe kripën në një enë. Mbulojeni dhe vendoseni në frigorifer për 30 minuta.

b) Ngrohni një skarë.

c) Hiqni filetot nga ena, thajini dhe vendosini në një skarë të lyer me vaj. Gatuani për 3 deri në 4 minuta. Kthejeni dhe gatuajeni 4 minuta më shumë, ose derisa filetot të jenë të forta në prekje.

d) Zbukuroni me qepë. Shërbejeni menjëherë me sallatë me portokall gjaku dhe bulgur.

16. Walleye i pjekur në skarë me rrush

Përbërësit:

- $1\frac{1}{2}$ deri në 2 paund fileto muri
- 2 $\frac{1}{2}$ filxhanë mane me shaggy
- $\frac{1}{2}$ filxhan lëng rrushi të bardhë të ngrirë
- $\frac{1}{2}$ filxhan liker me shije portokalli
- 4 lugë gjalpë pa kripë
- 1 filxhan rrush globi, i prerë në gjysmë
- 2 lugë piper i zi i sapo bluar
- Lëkura e 1 portokalli

a) Lyejeni skarën dhe lëkurën e filetove me vaj. Ziejini filetot për 4 deri në 5 minuta. Kthejeni dhe gatuajeni 3 deri në 4 minuta më gjatë, ose derisa mishi të jetë i fortë në prekje. Transferoni në raftin e ngrohjes dhe mbajeni të ngrohtë.

b) Ndërkohë, për të bërë salcën, kaurdisni kërpudhat në gjalpë në një tenxhere jo reaktive derisa kërpudhat të jenë të buta. Shtoni lëngun e rrushit dhe likerin. Rriteni nxehtësinë në mesatare dhe gatuajeni për 5 deri në 6 minuta, ose derisa lëngu të reduktohet me rreth një të tretën.

c) Shtoni rrushin dhe piperin dhe $\frac{1}{2}$ e lëvores dhe lërini për 1 deri në 2 minuta.

d) Ndani murin në katër pjesë. Hidheni salcën në katër pjata dhe vendosni filetot sipër.

e) E zbukurojmë me pjesën tjetër të lëvores së portokallit dhe e shërbejmë menjëherë.

17. Hoisin-Coho i pjekur në skarë

Përbërësit:

- Lëkura e 1 limoni dhe lëngu i $\frac{1}{2}$ limoni
- $\frac{1}{4}$ filxhan salcë soje me pak natrium
- 2 lugë piper të zi kokrra të grira
- 2 paund fileto coho
- $\frac{1}{2}$ filxhan salcë hoisin
- Qiqra të grira për zbukurim
- Piper i kuq i grirë për zbukurim

a) Rrihni së bashku lëvoren dhe lëngun e limonit, salcën e sojës dhe kokrrat e piperit në një tas të vogël.

b) Hidhni marinadën mbi fileto dhe vendoseni në frigorifer për 30 minuta.

c) Ngrohni një skarë.

d) Hiqni filetot nga marinada, kullojini dhe thajini. Me një furçë pastruese, lyeni gjysmën e salcës hoisin në të dy anët e coho-s.

e) Vendosni filetot direkt mbi zjarr dhe gatuajeni për 4 minuta. Lyejeni me salcën e mbetur dhe kthejeni. Gatuani edhe për 4 minuta të tjera, ose derisa të jetë paksa e butë në prekje. Piqni peshkun në skarë një kohë më të shkurtër për të rrallë, më gjatë për të gatuar mirë.

f) Ndani peshkun në katër pjata, zbukurojeni me qiqra dhe speca të kuq dhe shërbejeni menjëherë.

18. Halibut i pjekur në skarë në qumësht kokosi

Përbërësit:

- 4 biftek shojza, 1 inç të trasha, rreth 2 paund
- 1 lugë gjelle vaj vegjetal
- 4-6 thelpinj hudhër, të grira imët
- $\frac{1}{4}$ filxhan xhenxhefil të freskët të grirë imët
- $\frac{1}{4}$ filxhan speca jalapeño të grira hollë
- 1-2 fileto açuge, të prera
- $\frac{3}{4}$ filxhan lëng pule
- $\frac{1}{2}$ filxhan qumësht kokosi, pa sheqer
- 1/3 filxhan salcë domate
- $\frac{1}{4}$ filxhan salcë soje të errët
- Piper i zi i sapo bluar
- $\frac{1}{2}$ domate e prerë në kubikë
- 1 lugë gjelle shurup panje të pastër
- 2 gota petë orizi
- 1 lugë gjelle vaj susami
- 6-8 qepë të mëdha
- Pika limoni

a) Piqni shojzën në një grilë të lyer me vaj për rreth tre të katërtat e kohës aktuale të dëshiruar, 3 deri në 4 minuta për anë.

b) Ngrohni vajin në një tenxhere të madhe ose wok dhe kaurdisni hudhrën, xhenxhefilin, specat jalapeño dhe açugat në nxehtësi mesatare për 3 deri në 4 minuta.

c) Shtoni lëngun, qumështin e kokosit, salcën e domates, salcën e sojës dhe piper të zi sipas shijes; ziejini në zjarr mesatar për 7 deri në 8 minuta, ose derisa të zvogëlohet përgjysmë. Shtoni domaten e prerë në kubikë dhe ziejini edhe 3 deri në 4 minuta.

d) Kaurdisni petët në vajin e susamit derisa të ngrohen. Shtoni rreth një të tretën e salcës nga tigani dhe përziejini së bashku.

e) Vendosni biftekët e ngrohtë të shojzës së pjekur në skarë në tiganin me salcën e mbetur, duke lugëzuar salcën mbi biftekët dhe duke i kthyer në shtresë.

f) Spërkatni qepët mbi shojzë e vogël dhe shërbejini me petët dhe copat e limonit.

19. Pompano i pjekur në skarë

Përbërësit:

- 1 luge vaj ulliri
- 1 qepë mesatare, e grirë hollë (rreth 1 filxhan)
- 4-5 thelpinj hudhër, të prera imët
- 1 lugë gjelle galangal i grirë hollë (ose xhenxhefil)
- $\frac{1}{2}$ filxhan qumësht kokosi i lehtë
- 2 shkopinj bar limoni, të mavijosur (ose 2 rripa të gjerë lëkure limoni)
- 1 lugë çaji djegës pluhur (ose salcë e nxehtë për shije)
- 1 lugë çaji pluhur kerri
- 1 lugë çaji shafran i Indisë i bluar
- $\frac{1}{2}$ lugë çaji kanellë të bluar
- $1\frac{1}{2}$ paund fileto pompano, rreth 1 inç të trasha
- Lëng $\frac{1}{2}$ limoni (rreth $1\frac{1}{2}$ lugë gjelle)
- Pika limoni

a) Ngrohni vajin në një tigan të madh mbi nxehtësinë mesatare-të lartë. Kaurdisni qepën, hudhrën dhe galangalin për 3 deri në 4 minuta.

b) Shtoni qumështin e kokosit, limonin, pluhurin djegës, pluhurin e kerit, shafranin e Indisë dhe kanellën. Gatuani për rreth 5 minuta, ose derisa lëngu të pakësohet me një të tretën. Ulni nxehtësinë në minimum.

c) Ngrohni një skarë.

d) Vendosni fileto në një skarë të lyer me vaj, hidhni lëngun e limonit sipër dhe gatuajeni për 4 deri në 5 minuta. Kthejeni dhe gatuajeni për 4 deri në 5 minuta më gjatë, ose derisa peshku të jetë i fortë në prekje.

e) I heqim filetot nga grili, i hedhim me lugë salcën e ngrohtë, i ndajmë në katër pjesë dhe i shërbejmë menjëherë me copat e limonit.

20. Shad i pjekur në skarë me Morels

Përbërësit:

- 2 lugë gjalpë pa kripë
- 1 lugë çaji vaj ulliri
- 2 gota morel, të pastruara dhe të prera në feta
- $\frac{1}{2}$ lugë çaji kripë deti
- 1 lugë gjelle piper i zi i sapo bluar
- 1 lugë raki
- 1 fileto shad pa kocka, rreth 1 kile

a) Shkrini gjalpin në një tenxhere me madhësi mesatare mbi nxehtësinë mesatare. Shtoni vajin dhe kaurdisni morelët, kripën dhe piperin për 8 deri në 10 minuta (12 deri në 15 minuta nëse janë të mëdha), të mbuluara.

b) Zbulojeni, shtoni rakinë, nëse përdorni, dhe zvogëloni me rreth një të tretën, 2 deri në 3 minuta. Fikni zjarrin por mbajeni të ngrohtë në zjarr të ulët.

c) Vendoseni fileton në një skarë të lyer me vaj. Gatuani për 4 deri në 5 minuta; kthejeni dhe gatuajeni për 4 deri në 5 minuta më gjatë, ose derisa peshku të jetë i errët. Ndani në gjysmë dhe transferojeni në dy pjata të ngrohta. Hidhni morelët me lugë anash.

21. Murri i tymosur dhe Chutney me domate

Përbërësit:

- 3 x 175 g fileto murriz të tymosur
- 30 gota të vogla tartlete të gatshme

Rarebit

- 325 g djathë çedar i fortë
- 75 ml qumësht
- 1 e verdhe veze
- 1 vezë e plotë
- 1/2 lugë gjelle pluhur mustardë
- 30 gr miell i thjeshtë
- 1/2 lugë çaji salcë Worcester, salcë Tabasco
- 25 gr bukë të freskët të bardhë
- Erëza

Chutney me domate

- 15 g rrënjë xhenxhefil
- 4 speca djegës të kuq
- 2 kg domate të kuqe
- 500 gr mollë të qëruara dhe të prera
- 200 g sulltanezë
- 400 gr qepe të vogla të copëtuara
- Kripë
- 450 g sheqer kaf
- 570 ml uthull malti

Drejtimet

a) E rregullojmë mirë farën dhe e vendosim në furrë me pak vaj ulliri dhe e gatuajmë për rreth 5-6 minuta.

b) Grini djathin dhe shtoni në tiganin me qumështin dhe ngrohni butësisht në një tigan derisa të tretet, hiqeni nga zjarri dhe ftoheni.
c) Shtoni të gjithë vezën dhe të verdhën e vezës, mustardën, thërrimet e bukës dhe një copë Worcester dhe Tabasco, rregulloni dhe lëreni të ftohet.
d) Fërkoni murrizin për të hequr çdo kockë dhe vendoseni chutney në fund të tartave, sipër me peshkun e grirë. Ngrohni grilën në nxehtësi të lartë dhe sipër murrizit me rarebit dhe vendoseni nën skarë deri në kafe të artë sipër.
e) Hiqeni farën nga grila dhe shërbejeni menjëherë.

22. Halibut i shijshëm i tymosur

Shërben 6

Përbërësit:

- 4 biftek (6-uns/170 g) shojzë e kuqe
- 1 filxhan vaj ulliri ekstra të virgjër
- 2 lugë çaji kripë kosher
- 1 lugë çaji piper i zi i sapo bluar
- ½ filxhan majonezë
- ½ filxhan shije të ëmbël turshi
- 1 filxhan qepë të ëmbël të grirë hollë
- 1 filxhan piper i kuq i pjekur i grire
- 1 filxhan domate te grire holle
- 1 filxhan kastravec i grire holle
- 2 lugë mustardë Dijon
- 1 lugë çaji hudhër të grirë

a) Fërkoni biftekët me vaj ulliri dhe i rregulloni nga të dyja anët me kripë dhe piper. Transferoni në një pjatë, mbulojeni me mbështjellës plastik dhe vendoseni në frigorifer për 4 orë.

b) Furnizoni duhanpirësin tuaj me fishekë druri dhe ndiqni procedurën specifike të fillimit të prodhuesit. Ngrohni paraprakisht, me kapakun e mbyllur, në 200°F (93°C).

c) Hiqeni shojzën nga frigoriferi dhe fërkojeni me majonezë.

d) Vendoseni peshkun direkt në grilën e skarës, mbyllni kapakun dhe pini duhan për 2 orë ose derisa të bëhet i errët dhe një termometër me lexim të menjëhershëm i futur në peshk të lexojë 140°F (60°C).

e) Ndërsa peshku pi duhan, kombinoni shijet e turshive, qepën, specin e kuq të pjekur, domaten, kastravecin, mustardën Dijon dhe hudhrën në një tas mesatar. Lëreni shijet e mustardës në frigorifer derisa të jeni gati për t'u shërbyer.

f) Shërbejini biftekët me shojzë e mirë të nxehtë me shije mustardë.

23. Levreku i tymosur me trumzë

Shërben 4

Përbërësit:

Marinadë

- 1 lugë çaji Saskatchewan i nxirë
- 1 lugë trumzë, e freskët
- 1 lugë gjelle rigon, i freskët
- 8 thelpinj hudhre, te shtypura.
- 1 limon, lëngun
- 1 filxhan vaj levreku
- 4 fileto levreku, hiqni lëkurën

Fërkimi i pulës

- Erëza me ushqim deti (si Old Bay)
- 8 lugë gjelle gjalpë ari

Për zbukurim:

- Trumzë
- Limon

a) Bëni marinadën: Në një qese Ziploc bashkoni përbërësit dhe përzieni. Shtoni filetot dhe marinojini për 30 minuta në frigorifer. Kthehu një herë.
b) Ngrohni grilën në 325F me kapak të mbyllur.
c) Në një enë për pjekje shtoni gjalpin. Hiqni peshkun nga marinada dhe derdhni në enë për pjekje. Sezoni peshkun me

mish pule dhe ushqim deti. E vendosim në enë për pjekje dhe në skarë. Gatuani 30 minuta. Lyejeni 1-2 herë.

d) Hiqeni nga grila kur temperatura e brendshme është 160F.

e) Dekoroni me feta limoni dhe trumzë.

24. Dip Cannelini dhe peshku i bardhë i tymosur

Rendimenti: 1 shërbim

Përbërësit

- 2 feta bukë sanduiç të bardhë; koret e hequra
- ⅔filxhan Qumësht (pa yndyrë) ose zëvendësues qumështi
- 1 kanaçe fasule cannelini; kullohet dhe shpëlahet
- 1 paund Peshk i bardhë i tymosur
- 1 lugë çaji hudhër të freskët të grirë
- 1 lugë çaji lëvore limoni e grirë imët
- 2 lugë gjelle barishte të freskëta të copëtuara
- Kripë dhe piper i sapo bluar
- Salcë me spec djegës në shishe

a) Lyejeni bukën në qumësht për disa minuta.

b) Shtoni fasulet, peshkun e bardhë, hudhrën dhe lëkurën në një përpunues ushqimi. Pulsojini për të prerë trashë. Shtoni bukën e njomur dhe qumështin dhe përpunoni derisa të jetë e qetë. Pulsoni me barishte dhe rregulloni sipas shijes me kripë, piper dhe pika salcë piper.

c) Ruajeni të mbuluar dhe në frigorifer deri në 5 ditë.

25. Peshk i tymosur nxehtë

Përbërësit

- 2 lugë sheqer kafe të errët
- 2 lugë gjelle kripë kosher
- ½ lugë çaji piper i zi i sapo bluar
- ½ lugë çaji piper i kuq i grirë francez
- 2 kilogram salmon me lëkurë

a) Kombinoni sheqerin, kripën, piperin dhe piperin djegës, nëse përdorni, në një tas të vogël. Thajeni peshkun mirë dhe fërkojeni me erëza. Lëreni të qëndrojë pa mbuluar në frigorifer për 30 minuta.

b) Ngrohni paraprakisht skarën dhe përgatitni copëzat e drurit ose tallashin.

c) Kur grila të jetë gati për tymosje, pini duhan peshkun derisa temperatura e brendshme të arrijë 140°F (60°C); koha do të varet nga trashësia e peshkut, por filloni të kontrolloni pas 1 ore.

d) Nëse nuk jeni duke përdorur një termometër, futeni brenda pjesës më të trashë të peshkut; ajo duhet të shkrihet dhe të duket e errët.

e) Lëreni peshkun të ftohet pak përpara se ta shërbeni.

26. Merluci i kripur dhe i tharë

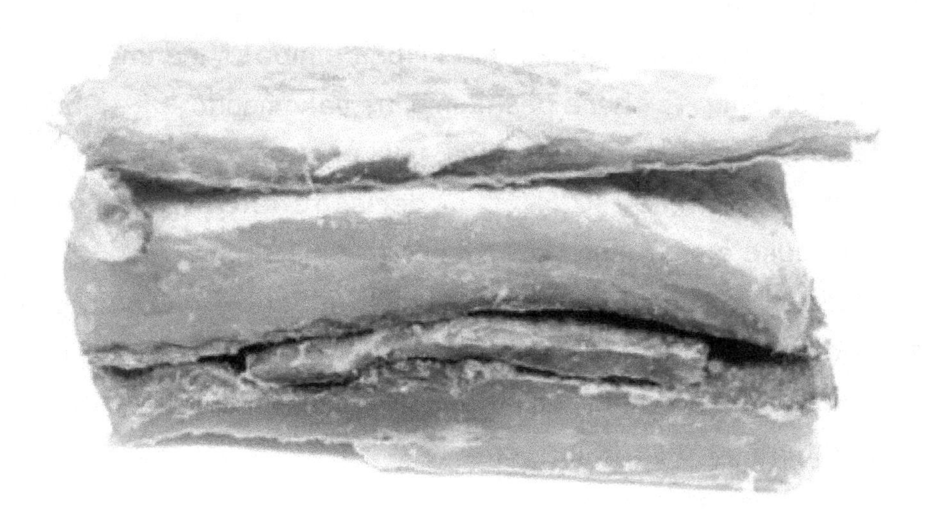

Përbërësit

- 2 paund fileto merluci, $\frac{1}{2}$-$\frac{3}{4}$ inç të trasha
- 2 paund kripë kosher

a) Mbuloni pjesën e poshtme të një ene pjekjeje të rrethuar (mjaft e madhe për të mbajtur peshkun në një shtresë të vetme) me kripë të mjaftueshme në mënyrë që të mos shihni deri në fund. Shtroni filetot e peshkut sipër, pa u prekur, në një shtresë të vetme. Hidhni kripë sipër peshkut për ta groposur plotësisht dhe shtypni kripën butësisht për t'u siguruar që i gjithë peshku të jetë i mbuluar.

b) Vendoseni peshkun në frigorifer dhe lëreni të piqet në kripë, pa mbuluar, për 4 ditë ose derisa të ndihet i ngurtë dhe i tharë. Kontrolloni peshkun duke zbuluar një copë dhe duke e ndjerë atë në pjesën më të trashë.

c) Hiqeni peshkun nga kripa, por mbajeni kripën që ngjitet natyrshëm në sipërfaqe. Hidhni kripën e mbetur në enë.

d) është koha për të tharë peshkun. Unë rekomandoj që ta bëni këtë në një dehidratues ushqimi, pasi procesi është i gjatë. Thajeni peshkun në 140°F (60°C) derisa të jetë i fortë, rreth 3 ditë, duke e rrotulluar çdo 12 orë ose më shumë.

e) Përpara se ta shërbeni, njomni bacalao-n për 24 orë në ujë të mjaftueshëm të ftohtë nga çezma për ta mbuluar plotësisht, duke e ndërruar ujin çdo 8 orë. Kullojeni peshkun dhe thajeni para se ta gatuani.

Fiston të pjekur në skarë

27. Hell me glazurë me prodhim deti me mollë

Rendimenti: 6 porcione

Përbërësit

- 1 kanaçe koncentrat lëng molle
- 1 lugë gjelle gjalpë dhe mustardë Dijon
- 1 piper i madh i kuq i embel
- 6 segmente proshutë
- 12 Fiston deti
- 1 kile karkaleca të lëvozhgave dhe të devijonuara (rreth 36)
- 2 lugë majdanoz të freskët të prerë në kubikë

Drejtimet

a) Në një tenxhere të thellë dhe të rëndë, zieni koncentratin e lëngut të mollës mbi nxehtësinë e lartë për 7 10 minuta ose më shumë derisa të reduktohet në rreth $\frac{3}{4}$ filxhan. Hiqeni nga zjarri, hidhni gjalpin dhe mustardën derisa të jetë e qetë. Le menjane. Pritini specin përgjysmë Hiqni farat dhe kërcellin dhe priteni specin në 24 pjesë. Pritini pjesët e proshutës në gjysmë në mënyrë tërthore dhe mbështillni çdo fiston me një copë proshutë.

b) piper hell, fiston dhe karkaleca në mënyrë alternative në 6 hell. Vendosni hell mbi skarë të lyer me vaj. Piqeni në skarë në zjarr mesatarisht të lartë për 2-3 minuta, duke e lyer me lustër me lëng molle dhe duke e rrotulluar shpesh, derisa fiston të bëhet i errët, karkaleca të jetë rozë dhe piper të zbutet. Shërbejeni të spërkatur me majdanoz.

28. Fiston jumbo të pjekur në skarë

Rendimenti: 4 porcione

Përbërësit

- Gjalpë i shkrirë sipas nevojës
- Majdanoz i freskët, i prerë në kubikë
- 12 fiston Jumbo, të përgjysmuar
- 1 gotë Ujë
- $\frac{1}{4}$ limon, me lëng
- 1 filxhan Chardonnay
- 1 lugë gjelle Gjalpë
- 2 lugë çaji mjaltë
- majë kripë
- $\frac{1}{2}$ thelpi hudhër, i prerë në kubikë
- Niseshte misri, i tretur në ujë

Drejtimet

a) Në tenxhere të vogël, përzieni ujin, verën, lëngun, gjalpin, mjaltin me specat dhe hudhrat.

b) Vendoseni në nxehtësi të moderuar; zvogëloni në pothuajse gjysmën, duke e përzier shpesh. Shtoni tretësirën e niseshtës së misrit në masë të trashë për shije.

c) Hiqeni nga nxehtësia; mbaje ngrohtë.

d) Grijini fiston mbi qymyr të nxehtë, duke i larë shpesh me gjalpë të shkrirë. Gatuani sipas shijes. Hiqni fiston nga grila.

e) Vendosni 6 gjysma të fistonit në secilën pjatë. Hidhni salcën e agrumeve mbi fiston dhe zbukurojeni me majdanoz.

29. Scallops deti Honey-Cayenne

Përbërësit:

- ½ filxhan (1 shkop) gjalpë, i shkrirë
- ¼ filxhan mjaltë
- 2 lugë gjelle piper kajen i bluar
- 1 lugë gjelle sheqer kaf
- 1 lugë çaji hudhër pluhur
- 1 lugë çaji pluhur qepë
- ½ lugë çaji kripë
- 20 fiston deti (rreth 2 paund)

Drejtimet:

a) Në një tas të vogël, rrihni së bashku gjalpin, mjaltin, kajenin, sheqerin kaf, hudhrën pluhur, pluhurin e qepës dhe kripën.

b) Vendosini fistonët në një tavë për pjekje me letër alumini njëpërdorimshme dhe derdhni sipër tyre gjalpin e mjaltit të stazhionuar.

c) Vendoseni tiganin në raftin e duhanpirësit dhe tymosni fistonët për rreth 25 minuta, derisa të jenë të errëta dhe të forta dhe temperatura e brendshme e tymit të regjistrojë 130°F.

d) Hiqni fiston nga Peleti i Preferuar i Dritit dhe shërbejini të nxehtë.

30. Fiston deti aziatik të pjekur në skarë

Rendimenti: 4 racione

Përbërës

- 2 paund Fiston deti; shpëlarë dhe tharë
- ¼ filxhan musht molle
- ¼ filxhan salcë soje e lehtë
- ¼ filxhan uthull balsamike
- ½ ons vaj susami
- 2 Kërcelli i qepës; i copëtuar mirë
- 2 lugë gjelle rrënjë xhenxhefili i freskët; i grirë
- 1 lugë gjelle salcë Hoisin
- 1 thelpi i madh hudhër; i grirë
- 1 Jalapeno mesatare; i grirë
- 1 lugë çaji speca djegës
- ½ lugë çaji piper i bardhë
- 1 dash kripë Kosher

a) Për marinadën, rrihni të gjithë përbërësit e lagësht dhe të thatë derisa të përzihen, shtoni qepët e njoma. Vendosni fiston në një qese të madhe plastike, derdhni marinadë mbi fiston. Vendoseni në frigorifer për 4 orë.

b) Hiqni fiston nga qesja plastike dhe vendosini në peshqir letre për të tharë marinadën përpara se të ndizni skarën. Vendosni qymyrin në formë piramide dhe ndizni me lëng më të lehtë, motor elektrik ose motor oxhak. Prisni derisa qymyri të bëhet gri dhe të shpërndahet në një shtresë të vetme për metodën e ngrohjes direkte.

c) Spërkateni rrjetën me spërkatje që nuk ngjit dhe lëreni rrjetën të nxehet mbi thëngjijtë e nxehtë (sa më e nxehtë të jetë rrjeta, aq më pak mundësi që ushqimi të ngjitet). Vendosni fiston në rrjetë ose për rezultate më të mira përdorni një shportë të lyer me perime dhe peshk në skarë.

d) Shportat janë në dispozicion në shumicën e dyqaneve të departamenteve të kohës së lirë në natyrë. Grijini për 3 minuta, lyeni me marinadë dhe kthejeni, piqini në skarë 2-3 minuta, skuqeni përsëri me marinadë derisa të bëhet gati. Fiston gatuhet shumë shpejt, duhet të marrë jo më shumë se 6 minuta kohë gatimi, gjithsej.

31. Fiston të pjekur në skarë dhe avokado me shije misri

Rendimenti: 1 porcion

Përbërës

- 8 avokado Haas; të qëruara, të farëra dhe të grira
- 4 Misër mbi kalli; i zbardhur; i pjekur në skarë
- 1 lugë çaji pluhur koriandër
- 1 lugë çaji pluhur qimnoni
- 2 qepë të kuqe; prerë imët
- 6 domate kumbulla; fara dhe të prera në kubikë
- 1 tufë koriandër; gjethet vetëm, imët; i copëtuar
- 3 limonë; lëng prej, deri në 4
- 6 lugë vaj ulliri i mirë
- Kripë dhe piper të zi të bluar
- 1 pako Supermarketi bleu tortilla me miell
- $\frac{1}{4}$ linte vaj misri
- Kripë dhe piper të zi të bluar

a) Tortilla e mbushur me shije misri: Kombinoni të gjithë përbërësit. Mos e vendosni në përpunues ushqimi. Duhet të jetë i trashë. Sezoni sipas shijes.
b) Tortilla: Prisni secilën tortilla në pesë copa të dhëmbëzuara. Mos prisni në trekëndësha të rregullt. Skuqini në vaj të ngrohtë derisa të marrin ngjyrë të artë dhe krokante, kullojini në letër kuzhine.
c) Spërkateni dhe vendoseni në një enë plastike hermetike derisa të jetë gati për përdorim.

d) Fiston: 1 fiston i madh i kapur nga zhytësi për person, i prerë në dysh horizontalisht, i gatuar në gjalpë për 30 sekonda nga secila anë pak para se të serviret.
e) Prezantimi: 2 copë tortilla në orën 22:00 dhe 14:00 të mbushura me salsa, sipër me gjysmë fiston. Pikim vaji të trashë borziloku rreth pjatës.

32. Fiston miso të marinuara në skarë me sallatë hixhiki

Rendimenti: 4 racione

Përbërës

- $\frac{1}{2}$ filxhan Sake
- $\frac{1}{4}$ filxhan vaj Canola
- $\frac{1}{2}$ filxhan pastë miso e lehtë
- 2 lugë xhenxhefil të grirë
- 2 lugë sheqer
- 1 lugë çaji piper i zi i grirë i trashë
- 12 Fiston të mëdhenj
- Sallatë Hijiki

a) Përziejini të gjithë përbërësit e marinadës së bashku dhe marinoni fiston të mbuluar dhe ftohur për 4 deri në 6 orë. Fistonët e mëdhenj mund të marinohen edhe gjatë natës.
b) Në një skarë të nxehtë, shënoni fiston nga të dyja anët.
c) Duhet të shërbehet mesatarisht në mes të rrallë.
d) Shërbejini 3 fiston mbi një grumbull të vogël sallatë Hijiki.
e) Kjo recetë jep 4 porcione.

33. Sallatë me fiston deti të pjekur në skarë me salcë papaja

Rendimenti: 4 racione

Përbërës

- $\frac{1}{4}$ papaja, farat e hequra
- 1 kile Med fiston deti
- 3 filxhanë (deri në 4 filxhanë) zarzavate sallatë të ndryshme
- 1 lugë çaji vaj ulliri
- Kripë dhe piper për shije
- 2 lugë vaj ulliri
- 2 lugë çaji lëng limoni
- 1 lugë gjelle papaja e pastër
- 1 lugë gjelle Borzilok, i grirë
- 1 lugë domate të prera në kubikë
- Kripë dhe piper për shije

a) Një natë më parë përgatisni papaja të pastër dhe marinojini fistonët.

b) Qëroni dhe prisni trashë papaja, vendoseni në një blender dhe zvogëloni atë në një masë të pastër. Lyejini fistonët me 1 lugë gjelle të pastër (fusni në frigorifer lugën e mbetur për salcë) dhe marinojini në frigorifer gjatë gjithë natës.

c) Kur të jeni gati për të përgatitur sallatën, lani dhe thajini zarzavatet dhe renditini në pjata sallate. Përgatitni veshjen.

d) Bashkoni vajin, lëngun e limonit, papajan e mbetur të pastër, borzilokun dhe domaten.

e) I rregullojmë sipas shijes me kripë dhe piper. Mos e vendosni salcën në frigorifer. Përdoreni menjëherë, në temperaturën e dhomës. Bën ⅓filxhan.

f) Pak para se t'i shërbeni, lyeni fistonët e detit me vaj ulliri, shtoni kripë dhe piper për shije dhe piqini në skarë mbi meskitë të nxehtë ose me prush ose kaurdisini për rreth 1 minutë nga secila anë. Mos i gatuani shumë. Renditni fiston rreth zarzavateve, derdhni salcën mbi zarzavate dhe shërbejeni menjëherë.

SALMON I PJEKUR NË SKARË

34. Salmon BBQ i Alaskës

Rendimenti: 1 porcion

Përbërësit

- 1 salmon i plotë i veshur
- Kripë dhe piper
- 2 lugë gjalpë i zbutur
- $\frac{1}{2}$ qepë e segmentuar
- $\frac{1}{2}$ limon i segmentuar
- Disa degë majdanoz
- Vaj misri

Drejtimet

a) Lani peshkun dhe thajeni. spërkatni me kripë dhe piper dhe spërkatni me gjalpë.

b) Vendosni segmente të mbivendosura të qepës, limonit dhe majdanozit në zgavrën e peshkut; lyejeni peshkun me vaj. Mbështilleni me letër alumini të rëndë, duke mbyllur skajet me mbivendosje të dyfishtë. Vendoseni në skarë mbi qymyr të nxehtë; gatuaj, duke e rrotulluar ngadalë salmonin çdo 10 minuta.

c) Provoni gatishmërinë pas 45 minutash duke futur një termometër mishi në pjesën më të trashë. Gatuani në një temperaturë të brendshme prej 160.

d) Për të shërbyer, zhvendoseni peshkun në pjatë të nxehtë; mbivendosje petë mbrapa. Pritini midis kockave dhe mishit me një shpatull të gjerë; hiqni çdo porcion. Shërbejeni me salcë Zesty.

35. Biftekë salmon të pjekur në skarë

Rendimenti: 4 porcione

Përbërësit

- 4 biftekë salmon
- Degët e majdanozit
- Pika limoni

Gjalpë açuge

- 6 fileto açuge
- 2 lugë qumësht
- 6 lugë gjelle gjalpë
- 1 pikë salcë Tabasco
- Piper

Drejtimet

a) Ngrohni paraprakisht skarën në nxehtësi të lartë. Lyeni me vaj raftin e skarës dhe vendosni çdo biftek për të siguruar një nxehtësi të barabartë. Vendosni një pullë të vogël gjalpë açuge (ndani një të katërtën e përzierjes në katër) në çdo biftek. Piqeni në skarë për 4 minuta.

b) Ktheni biftekët me një segment peshku dhe vendosni një çerek tjetër të gjalpit midis biftekëve. Piqeni në skarë nga ana e dytë për 4 minuta.

c) Ulni zjarrin dhe lëreni gatimin për 3 minuta të tjera, më pak nëse biftekët janë të hollë.

d) Shërbejeni me një copë gjalpë açugeje të rregulluar mirë mbi çdo biftek.

e) Dekoroni me degë majdanozi dhe copa limoni.

f) Gjalpë açuge: Thithni të gjitha filetot e açuges në qumësht. Pure në një enë me një lugë druri deri sa të bëhet krem. Kremi të gjithë përbërësit së bashku dhe ftohje.

36. Fileto salmon të freskët të tymosur

Përbërësit:

- 1 fileto salmon (të freskëta, të egra, me lëkurë)
- 1/3 lugë çaji me erëza të gjirit të vjetër
- 1 lugë çaji erëza bazë të frutave të detit

Drejtimet:

Picking për Grill

Lani filetot e salmonit të peshkut me ujë të ftohtë dhe përdorni një peshqir letre për t'i tharë

Fërkoni lehtë erëzat mbi filetot e salmonit

Nxitja në duhanpirësin e preferuar të peletit të drurit

Vendoseni grilën e preferuar të duhanpirësit të peletit të drurit në gatim indirekt dhe ngroheni paraprakisht në 400°F

Vendosni lëkurën e filetove poshtë direkt në grila

Tymosni filetot e salmonit në duhanpirës derisa temperatura e brendshme e tymit të rritet në 140°F dhe piruni mund të shkrijë lehtësisht mishin

Lëreni salmonin të pushojë për 5 minuta

37. Salmon i tymosur i ëmbëlsuar me fërkim me xhenxhefil portokalli

Përbërësit:

- Fileto salmon (4-lbs., 1,8-kg.)

Marinada

- Sheqer kaf - $\frac{1}{4}$ filxhan
- Kripë - $\frac{1}{2}$ lugë çaji

Fërkimi

- Hudhra e grirë - 2 lugë
- Xhenxhefil i freskët i grirë - 1 lugë çaji
- Lëkura e portokallit të grirë - $\frac{1}{2}$ lugë çaji
- Piper i kuq - $\frac{1}{2}$ lugë çaji

Lustër

- Verë e kuqe - 2 lugë
- Rum i errët - 2 lugë gjelle
- Sheqer kaf - 1 $\frac{1}{2}$ filxhan
- Mjaltë - 1 filxhan

Drejtimet:

a) Përzieni kripën me sheqerin kaf dhe më pas aplikojeni mbi fileton e salmonit.
b) Fërkojeni fileton e salmonit me përzierjen e erëzave dhe më pas lëreni mënjanë.
c) Vendoseni salmonin e kalitur në duhanpirëse pelleti dhe pini duhan për 2 orë.

d) Përzieni verën e kuqe me rumin e errët, sheqerin kaf dhe mjaltin dhe më pas përzieni derisa të treten. Baste.

38. Salmoni veriperëndimor i Paqësorit me salcë kopër limoni

Përbërësit:

- 6 lb fileto salmoni Chinook
- Kripë për shije
- 1 C gjalpë, i shkrirë
- 1 C lëng limoni
- 4 lugë gjelle. bar i thatë i koprës
- 1 lugë gjelle. kripë hudhër
- Piper i zi për shije
- 4 C jogurt i thjeshtë

Drejtimet:

a) Vendosni filetot e salmonit në një enë pjekjeje.
b) Përzieni gjalpin dhe 1/2 lëngun e limonit në një tas të vogël dhe derdhni sipër salmonit. I rregullojmë me kripë dhe piper.
c) Kombinoni kosin, koprën, hudhrën pluhur, kripën e detit dhe piperin. Përhapeni salcën në mënyrë të barabartë mbi salmon.
d) Fshini shpejt grilën e nxehtë të grilës me pelet me një peshqir të zhytur në pak vaj kanole, vendosni filetat në skarë, tendën me fletë metalike dhe mbyllni kapakun.
e) Piqni peshkun në skarë, me lëkurë të ulët, deri në mes të rrallë, rreth 6 minuta.

39. Salmon mbreti i egër i pjekur në skarë

Përbërësit:

- 1 karavidhe, $1\frac{3}{4}$ paund
- $\frac{1}{2}$ filxhan gjalpë të shkrirë
- 2 kilogram fileto salmon
- $\frac{1}{4}$ filxhan qepë të kuqe të grirë hollë
- 3 lugë uthull të bardhë
- 2 lugë ujë
- $\frac{1}{4}$ filxhan krem i trashë
- 2 lugë tarragon të freskët të grirë imët
- 4 lugë gjelle ($\frac{1}{2}$ shkop) gjalpë
- Kripë dhe piper i zi i sapo bluar
- Pika dhe lëng limoni
- Sallatë me portokall gjaku

a) Hidhni gjalpin dhe lëngun e limonit në zgavrën e karavidheve.

b) Shtrojeni karavidhen me kurriz në skarë, mbi tiganin e tymit. Mbyllni kapakun dhe pini duhan për rreth 25 minuta. Transferoni në një dërrasë prerëse dhe hiqni mishin nga bishti dhe kthetrat, duke i rezervuar koralet dhe të gjitha lëngjet në frigorifer.

c) Për të bërë beurre blanc, vendosini qepët, uthullën dhe ujin të ziejnë në një tenxhere mesatare mbi nxehtësinë mesatare; zvogëloni nxehtësinë dhe ziejini për 3 deri në 4 minuta, ose derisa të zvogëlohet përgjysmë. Shtoni kremin dhe tarragonin; ziejini për 1 deri në 2 minuta, ose derisa të zvogëlohet përgjysmë. Rrihni copat e gjalpit.

d) Përgatisni grillin dhe vendosni salmonin në anën e nxehtë.

e) Shtoni copat dhe lëngjet e karavidheve në tenxheren me beurre blanc, përzieni dhe rrisni nxehtësinë në mesatare. Ziejeni, të mbuluar, duke e përzier disa herë, për 3 deri në 4 minuta, ose derisa mishi i karavidheve të nxehet plotësisht.

40. Salmon i pjekur në skarë me pancete

Rendimenti: 4 Shërbim

Përbërës

- 1 paund kërpudha të freskëta Morel
- 2 Shalots; I grirë
- 1 thelpi hudhër; I grirë
- 10 lugë gjalpë; Prerë në copa
- 1 filxhan Sherry ose Madeira të thatë
- 4 copë fileto salmon
- Vaj ulliri
- Kripë dhe piper i freskët i bluar
- 16 Qepë të njoma
- 4 lugë gjelle Pancete; I prerë dhe i prerë

a) Skuqeni qepujt dhe hudhrat në 2 lugë gjalpë në zjarr të ulët derisa të zbuten. Shtoni morelët, ndizni nxehtësinë dhe gatuajeni për 1 minutë. Shtoni sheri dhe zvogëloni përgjysmë.

b) Përzieni gjalpin e mbetur, duke e punuar dhe fikur nga zjarri, derisa të emulsohet.

c) Ngrohni një skarë ose tigan me skarë. I lyejmë filetot e salmonit me vaj dhe i rregullojmë me kripë dhe piper. Transferoni salmonin në një tigan të madh dhe gatuajeni në furrë për 5 deri në 10 minuta.

d) Nxehni një tigan me madhësi të mesme dhe të rëndë në nxehtësi të lartë. Shtoni disa lugë vaj ulliri. Shtoni qepët e njoma dhe pancetën. Gatuani shkurtimisht, duke tundur tiganin për të parandaluar skuqjen. Shtoni përzierjen e morel dhe përzieni. Sezoni lehtë.

e) Vendosni një fileto salmoni në qendër të një pjate të ngrohtë darke. Hidhni me lugë përzierjen e morelit sipër dhe anash.

41. Supë pikante kokosi me salmon

Përbërës

- 1150 g. copë salmon për person; (150 deri në 180)
- 1 filxhan oriz jasemini
- ¼ filxhan bishtaja kardamom jeshil
- 1 lugë çaji Karafil
- 1 lugë çaji piper i bardhë
- 2 shkopinj kanelle
- 4 Anise yll
- 2 luge vaj
- 3 qepë; i grirë imët
- ½ lugë ëmbëlsirë shafran i Indisë
- 1 litër qumësht kokosi
- 500 mililitra krem kokosi
- 6 domate të mëdha të pjekura
- 1 lugë sheqer kaf
- 20 mililitra salcë peshku
- Kripë për shije
- 2 lugë gjelle Garam masala

a) Garam Masala: Pjekni në një tigan të thatë erëzat veçmas. Kombinoni të gjitha erëzat në një mulli kafeje ose llaç dhe shtypni dhe bluajeni.

b) Lënga pikante e kokosit: Ngrohni vajin në një tigan të madh dhe ziejini qepët derisa të jenë transparente. Shtoni shafranin e Indisë dhe xhenxhefilin dhe gatuajeni në zjarr të ulët për rreth 20 minuta, më pas shtoni përbërësit e mbetur. Lëreni të vlojë.

c) Ndërsa lëngu është duke u gatuar, gatuajeni salmonin dhe orizin jasemini. Salmoni duhet të jetë i pjekur në skarë.

42. Paprika salmon i pjekur në skarë me spinaq

Porcionet: 6 racione

Përbërësit

- 6 fileto salmon rozë, 1 inç të trasha
- $\frac{1}{4}$ filxhan lëng portokalli, i saposhtrydhur
- 3 lugë çaji trumzë të thatë
- 3 lugë vaj ulliri ekstra të virgjër
- 3 lugë çaji pluhur paprika e ëmbël
- 1 lugë çaji kanellë pluhur
- 1 lugë sheqer kaf
- 3 gota gjethe spinaqi
- Kripë dhe piper për shije

Drejtimet:

a) Lyejeni pak ullinj në secilën anë të filetove të salmonit, më pas lyeni me pluhur paprika, kripë dhe piper. Lëreni mënjanë për 30 minuta në temperaturën e dhomës. Duke e lejuar salmonin të thithë fërkimin e paprikës.
b) Në një tas të vogël përzieni lëngun e portokallit, trumzën e tharë, kanellën pluhur dhe sheqerin kaf.
c) Ngrohni furrën në 400F. Transferoni salmonin në një tavë pjekjeje të veshur me fletë metalike. Hidhni marinadën në salmon. Gatuani salmonin për 15-20 minuta.
d) Në një tigan të madh, shtoni një lugë çaji vaj ulliri ekstra të virgjër dhe gatuajeni spinaqin për rreth disa minuta ose derisa të thahet.
e) Shërbejeni salmonin e pjekur me spinaq anash.

43. Fileto salmon me havjar

Shërben 4 persona

Përbërësit

- 1 lugë çaji Kripë
- 1 pyka gëlqereje
- 10 Shallots (qepë) të qëruara
- 2 lugë gjelle vaj soje (shtesë për larje)
- 250 gram domate qershi të përgjysmuara
- 1 djegës i vogël jeshil i prerë në feta hollë
- 4 lugë Lëng Lime
- 3 lugë salcë peshku
- 1 lugë gjelle Sheqer
- 1 grusht degë koriandër
- 1 1/2 kg fileto salmoni i freskët s/on b/out
- 1 kavanoz roe salmon (havjar)
- 3/4 kastravec të qëruar, të përgjysmuar përgjatë gjatësisë, të papastër dhe të prerë hollë

Drejtimet

a) Ngrohni furrën në 200 gradë C, por kastravecin e prerë në feta në një enë qeramike, me kripë, lëreni mënjanë për 30 minuta duke e lënë të marrë turshi.

b) Hidhni Shalotat në një enë të vogël për pjekje, shtoni vajin e sojës, përziejini mirë dhe vendosini në furrë për 30 minuta, derisa të zbuten dhe të skuqen mirë.

c) Nxirreni nga furra dhe lëreni mënjanë të ftohet, ndërkohë lani mirë kastravecin e kripur, nën ujë të bollshëm të ftohtë të rrjedhshëm, më pas shtrydhni në duar të thata dhe vendoseni në një tas.

d) Ngrohim grilën e furrës në shumë të nxehtë, përgjysmojmë qepujt dhe ia shtojmë kastravecit.

e) Shtoni domatet, djegësin, lëngun e limonit, salcën e peshkut, sheqerin, degëzat e koriandërit dhe vajin e susamit dhe përziejini mirë.

f) Shijoni - nëse është e nevojshme rregulloni ëmbëlsirën, me sheqer dhe lëng lime - lëreni mënjanë.

g) Vendoseni salmonin në letër pjekjeje të lyer me vaj, lyeni sipër salmonit me vaj soje, lyejeni me kripë dhe piper, vendoseni nën skarë për 10 minuta ose derisa të gatuhet dhe të skuqet lehtë.

h) Hiqeni nga furra, rrëshqitni në një pjatë, spërkatni me përzierjen e domates dhe kastravecit dhe lugën e kaprolit të salmonit.

i) Shërbejeni me Lime Wedges dhe Oriz

44. Biftekë salmon të pjekur në skarë

Rendimenti: 4 racione

Përbërës

- 4 biftekë salmon
- Degët e majdanozit
- Pika limoni

Gjalpë açuge

- 6 fileto açuge
- 2 lugë qumësht
- 6 lugë gjelle gjalpë
- 1 pikë salcë Tabasko
- Piper

Drejtimet

a) Ngrohni paraprakisht skarën në nxehtësi të lartë. Lyeni me vaj raftin e skarës dhe vendosni çdo biftek për të siguruar një nxehtësi të barabartë. Vendosni një pullë të vogël gjalpë açuge (ndani një të katërtën e përzierjes në katër) në çdo biftek. Piqeni në skarë për 4 minuta.

b) Ktheni biftekët me një fetë peshku dhe vendosni një çerek tjetër të gjalpit midis biftekëve. Grijini nga ana e dytë 4 minuta. Ulni zjarrin dhe lëreni të gatuhet për 3 minuta të tjera, më pak nëse biftekët janë të hollë.

c) Shërbejeni me një copë gjalpë açugeje të rregulluar mirë mbi çdo biftek.

d) Dekoroni me degë majdanozi dhe copa limoni.

e) Gjalpë açuge: Thithni të gjitha filetot e açuges në qumësht. Pureeni në një tas me një lugë druri derisa të bëhet krem. Kremi të gjithë përbërësit së bashku dhe ftohje.

f) Shërben 4.

45. Salmon i pjekur në tym në BBQ

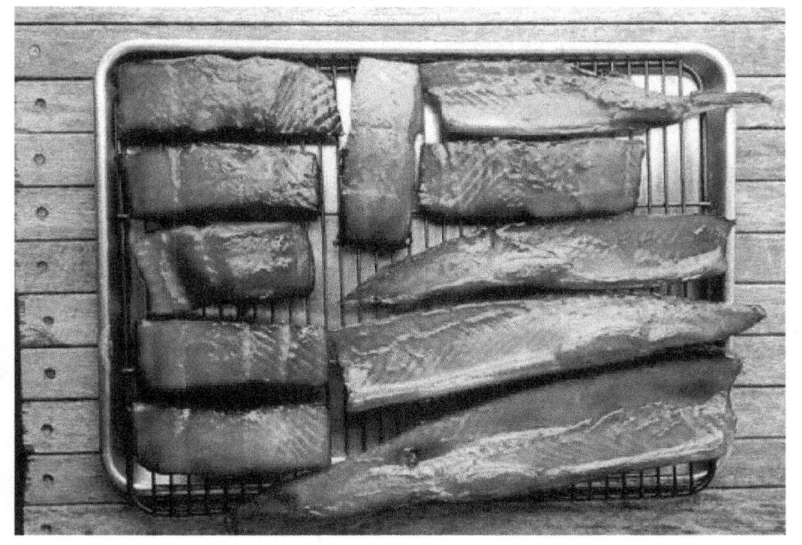

Rendimenti: 4 porcione

Përbërës

- 1 lugë çaji Lëkurë gëlqereje e grirë
- ¼ filxhan lëng limoni
- 1 lugë gjelle vaj vegjetal
- 1 lugë çaji mustardë Dijon
- 1 majë piper
- 4 biftekë salmon, 1 inç të trasha [1-1/2 paund.]
- ⅓filxhan farë susami të thekur

Drejtimet

a) Në një pjatë të cekët, përzieni lëkurën dhe lëngun e limonit, vajin, mustardën dhe piperin; shtoni peshkun, duke u kthyer në pallto. Mbulojeni dhe marinoni në temperaturën e dhomës për 30 minuta, duke e kthyer herë pas here.

b) Duke rezervuar marinadën, hiqni peshkun; spërkatni me farën e susamit. Vendoseni në skarë të lyer me yndyrë direkt mbi nxehtësinë mesatare. Shtoni patate të skuqura druri të njomur.

c) Mbulojeni dhe gatuajeni, duke e kthyer dhe pastruar me marinadë në gjysmë të rrugës, për 16-20 minuta ose derisa peshku të skuqet lehtë kur testohet me pirun.

46. Salmon i pjekur në skarë me qymyr dhe fasule të zeza

Rendimenti: 4 racione

Përbërës

- ½ paund Fasule të Zeza; të njomur
- 1 qepë e vogël; i copëtuar
- 1 karotë e vogël
- ½ brinjë selino
- 2 ons proshutë; i copëtuar
- 2 speca Jalapeño; me rrjedh dhe të prerë në kubikë
- 1 thelpi hudhër
- 1 fletë gjiri; të lidhura së bashku me
- 3 degë trumzë
- 5 gota Ujë
- 2 thelpinj hudhër; i grirë
- ½ lugë çaji Hot Pepper Flakes
- ½ limon; me lëngje
- 1 limon; me lëngje
- ⅓filxhan Vaj ulliri
- 2 lugë gjelle Borzilok i freskët; i copëtuar
- Biftekë salmon 24 ons

Drejtimet

a) Kombinoni në një tenxhere të madhe fasulet, qepën, karrotën, selinon, proshutën, jalapeño, hudhrën e plotë, gjethen e dafinës me trumzë dhe ujin. Ziejini derisa fasulet të zbuten, rreth 2 orë, duke shtuar më shumë ujë sipas nevojës për të mbajtur fasulet të mbuluara.

b) Hiqni karrotën, selinon, barishtet dhe hudhrën dhe kullojini lëngun e mbetur të gatimit. Hidhni fasulet me hudhrën e grirë, thekat e specit djegës dhe lëngun e ½ limoni. Le menjane.

c) Ndërsa fasulet janë duke u gatuar, kombinoni lëngun e një limoni të plotë, vajin e ullirit dhe gjethet e borzilokut. Hidhni sipër biftekët e salmonit dhe vendoseni në frigorifer për 1 orë. Grijeni salmonin në një flakë mesatarisht të lartë për 4-5 minuta nga njëra anë, duke e përzier me pak marinadë çdo minutë. Shërbejeni çdo biftek me një pjesë fasule.

47. Salmon i Alaskës i pjekur me fishekzjarre

Rendimenti: 4 porcione

Përbërës

- 4 6 oz. biftekët e salmonit
- $\frac{1}{4}$ filxhan vaj kikiriku
- 2 lugë salcë soje
- 2 luge uthull balsamike
- 2 lugë Qepë të grira
- 1$\frac{1}{2}$ lugë çaji Sheqer kaf
- 1 thelpi hudhër, i grirë
- $\frac{3}{4}$ lugë çaji Rrënjë xhenxhefili i freskët i grirë
- $\frac{1}{2}$ lugë çaji Thekon të kuq të chilit, ose më shumë
- Shije
- $\frac{1}{2}$ lugë çaji vaj susami
- $\frac{1}{8}$ lugë çaji kripë

Drejtimet

a) Vendosni biftekët e salmonit në një enë qelqi. Përziejini përbërësit e mbetur dhe hidhini sipër salmonit.

b) Mbulojeni me mbështjellës plastik dhe marinojini në frigorifer për 4 deri në 6 orë. Ngrohni skarën. Hiqeni salmonin nga marinada, lyeni grilin me vaj dhe vendoseni salmonin në skarë.

c) Piqeni në skarë mbi nxehtësi mesatare për 10 minuta për çdo inç trashësie, të matur në pjesën më të trashë, duke e kthyer në gjysmë të rrugës së gatimit, ose derisa peshku thjesht të skuqet kur testohet me një pirun.

48. Salmon i pjekur në skarë

Rendimenti: 1 porcion

Përbërës

- 3 ons salmon
- 1 luge vaj ulliri
- ½ limon; lëngun e
- 1 lugë çaji qiqra
- 1 lugë çaji majdanoz
- 1 lugë çaji piper i freskët i bluar
- 1 lugë gjelle salcë soje
- 1 lugë gjelle shurup panje
- 4 Të verdhat e vezëve
- ¼ lintë lëng peshku
- ¼ litër verë e bardhë
- 125 mililitra Krem dopio
- Qiqrat
- Majdanoz

Drejtimet

a) Pritini salmonin në feta të holla dhe vendoseni në një enë me vaj ulliri, shurup panje, salcë soje, piper dhe lëng limoni për 10-20 minuta.

b) Sabayon: Rrihni vezët mbi një bain marie. Ulni sasinë e verës së bardhë dhe të peshkut në një tigan. Shtoni përzierjen tek të bardhat e vezëve dhe përzieni. Shtoni kremin, ende duke e tundur.

c) Vendosni fetat e holla të salmonit në pjatën e servirjes dhe derdhni pak nga sabajoni. Vendoseni nën skarë vetëm për 2-3 minuta.

d) Hiqeni dhe shërbejeni menjëherë me një shpërndarje qiqrash dhe majdanoz.

49. Fettuccine me salmon të tymosur

Rendimenti: 6 servirje

Përbërës

- ¼ filxhan Gjalpë
- 1½ filxhan 35% krem i vërtetë për rrahje
- 2 lugë vodka, sipas dëshirës
- 8 ons Salmon i tymosur, i prerë në kubikë
- ½ lugë çaji kripë
- ½ lugë çaji Piper
- 2 lugë kopër të freskët, të grirë
- ¾ paund petë Fettuccine
- ½ filxhan djathë parmixhano, i grirë

a) Shkrini butësisht gjalpin në një tigan të madh të thellë. Shtoni kremin. Lëreni të vlojë. Shtoni vodka. Ulni nxehtësinë dhe gatuajeni në temperaturë të ulët për 3-4 minuta derisa të trashet pak.
b) Shtoni salmon të tymosur, kripë, piper dhe kopër. Hiqeni nga zjarri.
c) Gatuani fetuccine në një tenxhere të madhe me ujë të vluar me kripë derisa të zbutet. 4. Kulloni mirë petët. Ngroheni salcën. Vendosim petët e kulluara në tavë me salcën e nxehtë.

Hidheni butësisht në zjarr të ulët derisa salca të mbulojë petët dhe të jetë e trashë dhe kremoze.

d) Spërkateni me djathë nëse dëshironi. Shijoni dhe rregulloni erëzat nëse është e nevojshme

50. Salmon i tymosur në shtëpi

Rendimenti: 8 shërbime

Përbërësit

- 1 kile fileto salmoni ose biftekë
- Patate të skuqura alderwood
- Duhanpirës i oxhakut

a) Përgatitni një duhanpirës oxhak me një sasi të vogël qymyrguri ndërsa njomni patate të skuqura drurësh.
b) Kur qymyri të shkëlqejë të nxehtë, kullojeni ujin nga patatet e skuqura, vendosini patatet e skuqura mbi thëngjijtë e nxehtë, vendosni kapësin e pikave dhe grilën në vend dhe vendoseni salmonin direkt në hekura. Mbyllni kapakun dhe lëreni të qetë për 6 deri në 12 orë!
c) Peshku do të gatuhet në një temperaturë prej 130 deri në 140 gradë dhe ndoshta do të shkrihet kur hiqet nga hekura.

51. Salmon i thartë

Përbërësit

- 2 kilogram fileto salmon me lëkurë
- 4 thelpinj hudhre te medha, te grira holle
- 4 lugë çaji xhenxhefil të freskët të grirë imët
- 1 filxhan salcë soje
- $\frac{3}{4}$ filxhan shurup panje të pastër
- $\frac{3}{4}$ filxhan lëng limoni
- Piper i zi i sapo bluar
- Vaj gatimi neutral

a) Lyejeni salmonin të thahet plotësisht dhe ngrijeni për rreth 30 minuta për ta forcuar dhe për ta bërë më të lehtë prerjen në feta.

b) Ndërkohë, kombinoni hudhrën, xhenxhefilin, salcën e sojës, shurupin e panjeve dhe lëngun e limonit në një tas mesatar.

c) Pritini peshkun në copa të gjata, $\frac{1}{4}$ deri në $\frac{1}{4}$ inç të trashë. Pritini në feta kundrejt kokrrës për t'u tharë më shumë, ose me kokërr për copa më të forta. Shtoni copat e peshkut në marinadë dhe lërini të qëndrojnë, duke i përzier herë pas here, për 1 orë në temperaturën e dhomës.

d) Nxirrni shiritat një nga një nga marinada dhe vendosini të thahen në peshqir letre në një shtresë të sheshtë dhe të vetme. Për një goditje pikante, spërkatni peshkun me piper të zi ose piper të kuq. Tani është koha për të tharë peshkun.

52. Salmon i lustruar

Serbimet: 6

Përbërësit:

- 1 qepe, e prerë
- 1 lugë çaji hudhër pluhur
- $\frac{1}{4}$ filxhan mjaltë të papërpunuar
- 1/3 filxhan lëng portokalli të freskët
- 1/3 filxhan aminoacidet e kokosit
- 6 fileto salmon
- 1 lugë çaji xhenxhefil pluhur

Drejtimet

a) Vendosni të gjithë përbërësit në një qese Ziploc dhe mbyllni qesen.
b) Shkundni qesen për të mbuluar përzierjen e salmonit.
c) Lëreni në frigorifer për rreth 30 minuta, duke e kthyer herë pas here.
d) Ngrohni grilën në nxehtësi mesatare. Lyejeni grilën e grilës.
e) Hiqeni salmonin nga qesja e marinadës dhe lëreni mënjanë.
f) Vendosni filetot e salmonit në skarë dhe grijini për rreth 10 minuta.
g) Lyejini filetot me marinadën e rezervuar dhe grijini në skarë për 5 minuta të tjera.

53. Sallatë me salmon me kopër

Rendimenti: 6 porcione

Përbërës

- 1 filxhan kos të thjeshtë pa yndyrë
- 2 lugë kopër të freskët të grirë imët
- 1 lugë gjelle uthull vere e kuqe
- Kripë dhe piper i sapo bluar
- 1 fileto salmoni 2-lb (1" e trashë) e pastruar nga lëkura dhe membranat
- 1 lugë gjelle vaj Canola
- ½ lugë çaji kripë
- ½ lugë çaji piper i freskët i bluar
- 1 kastravec mesatar
- Marule me gjethe kaçurrelë
- 4 domate të pjekura; të prera imët
- 2 qepë të kuqe të mesme; i qëruar dhe i prerë hollë dhe i ndarë në rrathë
- 1 limon; të përgjysmuar për së gjati dhe të prera hollë

Drejtimet:

a) Përgatitja e salcës: Përziejini së bashku kosin, koprën, uthullën, kripën dhe piperin. Vendoseni në frigorifer. Përgatitja e sallatës: Spërkateni salmonin nga të dyja anët me vaj, kripë dhe piper.

b) Ngroheni skarën derisa të nxehet shumë. Vendoseni salmonin në skarë dhe gatuajeni, të mbuluar, derisa të skuqet, rreth $3\frac{1}{2}$ minuta nga secila anë. Transferoni në një pjatë për servirje dhe lëreni të pushojë për të paktën 5 minuta. Gdhendni në feta $\frac{1}{2}$ inç.

c) Vendosni salmonin në një tas dhe hidheni me salcë. Mbulojeni dhe vendoseni në frigorifer. Pak para se ta servirni, qëroni kastravecin dhe priteni në gjysmë për së gjati. Duke përdorur një lugë të vogël, kruajeni në qendër për të hequr farat. Fetë hollë.

d) Përzierja e salmonit grumbullohet në qendër të një pjate të madhe të veshur me gjethe marule. Rrethojeni me kastravec, domate, qepë dhe feta limoni. Nëse dëshironi, zbukurojeni me kopër shtesë.

Oktapod i pjekur në skarë

54. Oktapod i pjekur në skarë me pesto

Rendimenti: 1 porcion

Përbërësit

- 2 kile oktapod, i pastruar
- 1 thelpi hudhër, i shtypur
- 2 lugë sheqer kaf
- ½ filxhan verë të kuqe
- 1 lugë gjelle gjethe trumze limoni

Majonezë Pesto:

- ½ filxhan majonezë me vezë të plotë
- ¼ filxhan pesto të gatshme

Drejtimet

a) Vendosni oktapodin, hudhrën, sheqerin, verën dhe trumzën në një enë dhe marinojini për 1-2 orë. Gatuani në një pjatë të nxehtë BBQ, duke e përzier rregullisht derisa oktapodi të jetë gatuar dhe i butë.

b) Për të bërë majonezë Pesto- Përzieni majonezën dhe peston. Shërbejeni me oktapod si salcë ose me lugë si salcë.

c) Sillni oktapodin në një përzierje me vaj ulliri, lëng limoni të freskët, hudhër të shtypur dhe majdanoz të freskët. Pasi të keni pastruar oktapodin, lyeni me shëllirë dhe BBQ për 10 minuta.

d) Oktapodi do të përkulet dhe më pas do të kthehet në një ngjyrë të kuqe, e cila duket shumë tërheqëse në një sallatë me hudhër. Nëse oktapodi është i fortë, zbuteni përpara se ta gatuani duke e zier me avull për rreth 4-5 minuta

55. Oktapod nenexhik i pjekur në Barbecue

Rendimenti: 1 porcion

Përbërësit

- 1 oktapod 3 deri në 5 kilogramë me qeskë, sy dhe lëkurë të kuqe Hiqeni
- ½ filxhan vaj ulliri të virgjër
- 1 Limon, Lëng dhe Lëkurë
- 1 lugë gjelle Piper i kuq i grimcuar
- 1 tufë rigon i freskët; të prera përafërsisht në kubikë
- 1 lugë gjelle piper i zi i sapo bluar
- 2 Koka escarole
- ½ filxhan Gjethe nenexhiku të freskët
- 4 copë.

Drejtimet

a) Ngrohni skarën ose skarën.

b) Vendoseni oktapodin në ujë të ftohtë me një tapë dhe lëreni të vlojë. Uleni nxehtësinë në valë të ulët dhe gatuajeni 35 deri në 40 minuta derisa të zbuten

c) E nxjerrim, e shpëlajmë dhe e presim në një enë përzierjeje, i trazojmë së bashku vajin e ullirit, lëkurën dhe lëngun e limonit, piperin e kuq, rigonin dhe piperin e zi. Marinojini copat e oktapodit për 10 minuta dhe vendosini në një skarë.

Ziejini derisa të bëhen krokante dhe të skuqen pak, rreth 5 minuta për çdo anë.

d) Kur oktapodi shkon në skarë, pastroni escarole nga gjethet e jashtme të dobëta

e) Pritini përgjysmë për së gjati dhe shpëlajeni mirë që të hiqet zhavorri. Vendoseni anën e prerë poshtë në skarë dhe gatuajeni derisa të skuqet lehtë, rreth 3 deri në 4 minuta nga njëra anë. Kthejeni dhe gatuajeni edhe 2 minuta dhe nxirreni.

f) Nxirreni oktapodin dhe vendoseni në shëllirë, priteni në copa sa një kafshatë me gërshërë dhe hidheni sipër eskarolit, spërkatni me nenexhik të freskët dhe shërbejeni.

53.Oktapod bebe i pjekur në skarë

BEN 4 RERBIME

Përbërësit

- $2\frac{1}{2}$ kilogramë oktapod bebe i pastruar dhe i ngrirë
- 2 gota verë të kuqe plot trup, si p.sh
- Pinot Noir ose Cabernet Sauvignon
- 1 qepë e vogël, e prerë në feta
- 1 lugë çaji piper i zi
- lugë çaji karafil të tërë
- 1 gjethe dafine
- 1 filxhan marinadë me agrume siciliane
- $\frac{3}{4}$ filxhan ullinj jeshil sicilian ose Cerignola me kokrra dhe të grira trashë
- 3 ons' gjethe rukole foshnjore
- 1 lugë gjelle mente të freskët të copëtuar
- Kripë deti e trashë dhe piper i zi i sapo bluar

Drejtimet

a) Shpëlajeni oktapodin dhe më pas vendoseni në një tenxhere supe me verë dhe ujë sa të mbulohet. Shtoni qepën, kokrrat e piperit, karafilin dhe gjethen e dafinës. Lëreni të vlojë mbi nxehtësinë e lartë dhe më pas ulni nxehtësinë në mesatare-të ulët, mbulojeni dhe ziejini butësisht derisa oktapodi të jetë i butë sa të futet lehtësisht një thikë, 45 minuta deri në 1 orë.

b) Kullojeni oktapodin dhe hidhni lëngun ose kullojeni dhe rezervojeni për lëngje deti ose rizoto. Kur oktapodi të jetë ftohur mjaftueshëm për t'u trajtuar, prijini tentakulat në kokë.

c) Kombinoni oktapodin dhe marinadën në një qese me zinxhir 1 gallon. Shtypni ajrin, mbyllni qesen dhe vendoseni në frigorifer për 2 deri në 3 orë. Ndizni një skarë për nxehtësi të drejtpërdrejtë mesatare-të lartë, rreth 450¼F.

d) Hiqeni oktapodin nga marinada, thajeni dhe lëreni të qëndrojë në temperaturën e dhomës për 20 minuta. Kullojeni marinadën në një tenxhere dhe lëreni të ziejë në zjarr mesatar. Shtoni ullinjtë dhe hiqini nga zjarri.

e) Lyejeni grilin me furçë dhe lyejeni me vaj. Piqni oktapodin në skarë direkt mbi nxehtësi derisa të shënohet mirë në skarë, 3 deri në 4 minuta për çdo anë, duke shtypur butësisht oktapodin për të marrë një zierje të mirë. Rregulloni rukolën në një pjatë ose pjata dhe sipër i hidhni oktapodin. Hidhni një lugë nga salca e ngrohtë, duke përfshirë një sasi të mirë ullinjsh, në çdo shërbim. Spërkateni me nenexhik, kripë dhe piper të zi.

TUN I PJEKUR

54.ton Bayou i pjekur në skarë

Rendimenti: 1 porcion

Përbërësit

- $\frac{3}{4}$ filxhan Ushqim deti në stilin e artë Cajun
- $1\frac{1}{2}$ paund biftekë ton

Drejtimet

a) Hidhni Cajun Style Seafood shëllirë në mënyrë të barabartë mbi peshk, lëreni të pushojë 20 deri në 30 minuta, duke e rrotulluar disa herë.

b) Gatuani në një skarë të hapur mbi qymyr mesatar të nxehtë. Baste dhe kthehu një herë. Peshku bëhet kur mishi është i errët.

c) Shërbejeni me sallatë të përzier, bishtaja dhe bukë franceze

55. Tuna i tymosur i kripur

Përbërësit:

- 3 kilogramë fileto salmon (të kultivuara)
- 2 gota shëllirë me peshk të freskët

Drejtimet:

a) Pritini filetot në madhësi 4 inç në mënyrë që të mund të gatuani në një shkallë të barabartë
b) Vendosni bërxollat e derrit në një enë plastike që mbyllet dhe derdhni në enë Peshk të freskët shëllirë
c) Mbulojeni dhe vendoseni në frigorifer gjatë natës
d) Pas kësaj kohe, hiqni bërxollat e derrit dhe thajini me peshqir letre
e) Vendoseni skarën e duhanpirësit në gatim indirekt
f) Transferoni filetot e salmonit në një tas me fije qelqi të veshur me Teflon
g) Ngrohni duhanpirësin në 180°F dhe gatuajeni derisa temperatura e brendshme e tymit të filetove të salmonit të rritet në 145°F

56. Tunë me salcë të tymosur

Përbërësit:

- 10 ounces biftekë tuna (të freskëta)
- 1 filxhan salcë Teriyaki

Drejtimet:

a) Pritini tonin në madhësi 4 inç në mënyrë që të mund të gatuani në një shkallë të barabartë
b) Vendosni biftekët e tonit në një enë plastike që mbyllet dhe derdhni në enë salcën Teriyaki
c) E mbulojmë dhe e vendosim në frigorifer për 3 orë
d) Pas kësaj kohe, hiqni biftekët e tonit dhe thajini me peshqir letre
e) Transferoni fileton në tepsi për grill që nuk ngjit dhe vendoseni në duhanpirës për 1 orë
f) Pas kësaj kohe rrisni peletin e preferuar të drurit në 250°F dhe gatuajeni derisa temperatura e brendshme e tymit të tonit të rritet në 145°F
g) I hiqni nga grila dhe i lini të pushojnë për 10 minuta

57. Tuna e pjekur Wasabi

Përbërësit:

- Biftekë ton prej 6 ons
- 1 1/4 filxhan verë të bardhë
- 1 filxhan gjethe cilantro
- 1 filxhan gjalpë pa kripë
- 1/4 filxhan qepe, të grira
- 2 lugë gjelle. uthull verë e bardhë
- 1 lugë gjelle pastë wasabi
- 1 lugë gjelle salcë soje
- 1 luge vaj ulliri
- kripë dhe piper për shije

Drejtimet:

a) Kombinoni verën, uthullën e verës dhe qepujt në një tenxhere mbi nxehtësinë mesatare. Ziejini për të reduktuar në rreth 2 lugë gjelle. Kullojini qepujt dhe hidhini.

b) Shtoni wasabi dhe salcë soje në përzierje dhe zvogëloni Peletin e Preferuar të Drurit. Ngadalë shtoni gjalpin duke e përzier derisa të përzihet plotësisht. Përzieni cilantro dhe hiqeni nga zjarri. Le menjane.

c) Lyejini biftekët e tonit me vaj ulliri. I rregullojmë me kripë dhe piper dhe i vendosim në skarë.

d) Ziejini në skarë për 90 sekonda, më pas kthejeni dhe vazhdoni pjekjen për 90 sekonda të tjera.

58. Burgera me ton të pjekur në skarë

Përbërësit

- $1\frac{1}{2}$ kile ton i freskët
- 2 vezë, të rrahura
- 4-6 tranguj të vegjël ose kornichonë
- Kripë
- 1 lugë çaji piper i zi i sapo bluar
- 1 luge vaj ulliri
- $\frac{1}{2}$ filxhan qepë të bardhë të ëmbël të grirë hollë
- 2 gota misër të freskët
- $\frac{1}{4}$ filxhan verë të bardhë të thatë
- Lëngu i 1 limoni (rreth 3 lugë gjelle) dhe lëvorja e atij limoni (rreth 1 lugë gjelle)
- $1\frac{1}{2}$ lugë gjelle kopër të freskët të grirë imët
- Salsa me misër me limon

a) Vendoseni tonin në një grilë të lyer me vaj dhe piqeni në skarë për 3 deri në 4 minuta. Kthejeni dhe piqeni në skarë 3 deri në 4 minuta më gjatë, ose derisa peshku të jetë pak i butë. Hiqeni dhe ftohuni.

b) Thyejeni tonin e ftohur në një tas të madh, më pas shtoni vezët, trangujve, kripën sipas shijes dhe piper dhe grijeni me një pirun të madh. Le menjane.

c) Ngrohni vajin në një tenxhere të madhe mbi nxehtësinë mesatare-të lartë. Shtoni qepën dhe skuqeni për 2 deri në 3 minuta, derisa të jetë e butë. Shtoni misrin, verën, lëngun e limonit dhe koprën dhe ziejini për 4 deri në 5 minuta. Hiqeni nga zjarri.

d) Përzieni plotësisht lëngun dhe lëvoren në tonin. Formoni përzierjen në katër petka. Vendosini petat në një tavë pice të lyer me vaj, të shpuar ose në një kosh me rrjetë teli mbi skarë. Skuqini petat për 3 deri në 4 minuta; kthejeni dhe gatuajeni 3 deri në 4 minuta më gjatë, ose derisa të jetë e fortë në prekje.

e) Shërbejeni në simite hamburgeri të thekur me salsa me misër limoni.

59. Ton i konservuar

Përbërësit

- 1 kile fileto ton ose ton i freskët i pastruar për një litër kavanoz
- 1 lugë çaji kripë kosher për kavanoz
- ¾ filxhan vaj ulliri ekstra të virgjër

a) Ngrohni furrën tuaj në 250°F (120°C).
b) Mbështilleni tonin me letër alumini që të mos thahet. Vendoseni paketën me folie në një fletë pjekjeje dhe më pas vendoseni në furrë. Gatuani për rreth 1 orë, ose derisa temperatura e brendshme në pjesën më të trashë të mishit të arrijë 140°F (60°C).
c) Lëreni peshkun të ftohet pak pas gatimit dhe më pas vendoseni në frigorifer për disa orë që të forcohet mishi.
d) Pasi të jetë gatuar tuna, është gati për konservim. Pastroni kavanozët me grykë të gjerë dhe kontrolloni për prerje dhe gërvishtje.
e) Qëroni lëkurën e tonit dhe hiqni çdo mish të zbardhur. Nëse dëshironi vetëm mishin e lehtë të tonit, hiqni edhe mishin e errët. Pritini tonin në copa aq të mëdha sa të paketohen shumë fort në kavanoza.
f) Mbushni kavanozët fort me peshkun. Shtoni 1 lugë çaji kripë për kavanoz. Mbuloni tonin me vaj, nëse dëshironi, ose ujë, duke lënë 1 inç hapësirë në kokë. Fshini buzët dhe shtoni kapakët.

60. Tun italian i pjekur në skarë

Rendimenti: 6 porcione

Përbërës

- $\frac{3}{4}$ filxhan vaj ulliri ekstra i virgjër
- $\frac{1}{2}$ filxhan majdanoz i grirë
- $\frac{1}{2}$ filxhan Speca të pjekura të marinuara në kavanoz, të kulluara dhe të prera në kubikë
- $\frac{1}{2}$ filxhan qepë të prera hollë
- $\frac{1}{4}$ filxhan lëng limoni të freskët
- 2 lugë Kaperi të kulluar
- 2 lugë Rigon i freskët i grirë, ose
- 2 lugë çaji Rigon i tharë
- $\frac{1}{4}$ lugë çaji kripë
- 6 biftekë ton 8-oz, rreth 3/4 inç të trashë
- $\frac{1}{8}$ lugë çaji Piper i freskët i bluar

a) Në një tenxhere të mesme, kombinoni $\frac{1}{2}$ filxhan vaj ulliri me majdanoz, speca të kuq, qepë, 2 lugë gjelle. lëng limoni, kaperi, rigon dhe kripë. Ziejini në zjarr të ulët për 5 minuta, duke e përzier herë pas here, për të përzier shijet. Hiqeni nga zjarri dhe lëreni mënjanë. 2. Vendoseni tonin në një shtresë të vetme në një enë pjekjeje qelqi.

b) Hidhni $\frac{1}{4}$ filxhan të mbetur me vaj ulliri dhe 2 lugë gjelle. lëng limoni mbi peshk.
c) Sezoni me piper. Kthejeni për të veshur të dyja anët. Mbulojeni me mbështjellës plastik dhe marinoni në temperaturën e dhomës për 30 minuta. 3. Përgatitni një zjarr të nxehtë. Vendoseni peshkun në një grup skarë të lyer me vaj 4 deri në 6 inç nga qymyri. Ngroheni salcën duke e vendosur tenxheren në anën e skarës. Grijeni tonin në skarë, duke e kthyer një herë, derisa të jetë i errët, por ende i lagësht, rreth 8 deri në 10 minuta. Transferoni në një pjatë servirje dhe salcë luge mbi çdo biftek.

61.Salsa me pjepër me ton të pjekur në skarë

Rendimenti: 2 racione

Përbërës

- 2 biftekë ton prej gjashtë ons
- 1 kripë; për shije
- 1 piper i bardhë i sapo bluar; për shije
- 1 filxhan pjepër të prerë në kubikë të vegjël
- $\frac{1}{4}$ filxhan proshuto të prera në kubikë të vegjël
- 2 lugë qepe të prera
- lugë çaji nenexhik të copëtuar
- lugë çaji uthull shampanjë
- lugë gjelle vaj ulliri
- 1 spec jeshil i grirë
- 1 majdanoz

a) Ngrohni grilën në nivel të lartë. Sezoni biftekët e tonit. Në një tas të vogël bashkoni pjeprin, proshutën, qepujt, nenexhikun, uthullën dhe vajin e ullirit, i rregulloni me kripë dhe piper. Lëreni të ulet dhe lëreni aromën të zhvillohet për

15 deri në 20 minuta. Vendosni biftekët e tonit në skarë dhe gatuajeni për 2 deri në 3 minuta nga secila anë për të rralla. Vendosni biftekët e tonit në një pjatë të madhe shërbimi dhe sipër me salsa, duke u siguruar që lëngjet nga salsa të derdhen në të gjithë tonin. E zbukurojmë me speca të grirë dhe majdanoz. Kjo recetë jep 2 porcione fillestare.

KËRPE E PËR GREL

62.Grumbull i pjekur në skarë me agrume me oriz gëlqere

Rendimenti: 1 porcion

Përbërësit

- $1\frac{1}{2}$ paund Red Snapper
- 1 filxhan lëng portokalli
- 1 filxhan lëng grejpfruti
- $\frac{1}{4}$ filxhan lëng limoni
- 2 lugë gjelle cilantro e freskët e grirë
- $\frac{1}{4}$ lugë çaji piper i kuq
- 2 lugë salcë soje
- 1 lugë gjelle hudhër të prerë në kubikë
- $1\frac{1}{2}$ filxhan Ujë
- 1 filxhan oriz me kokërr të gjatë
- 1 lugë gjelle vaj ulliri ekstra i virgjër
- $2\frac{1}{2}$ lugë gjelle lëng limoni të freskët ose limon
- 3 lugë çaji lëvore e grirë; (për zbukurim)
- 1 lugë çaji piper i bardhë i bluar
- $\frac{1}{4}$ filxhan qepë të gjelbër ose qepë të prera në kubikë; (për zbukurim)

Drejtimet

a) Ngroheni skarën në 375 gradë.

b) Përzieni lëngjet e agrumeve, cilantro, specin kajen, hudhrën e prerë në kubikë dhe salcën e sojës në një enë pjekjeje të cekët. Shtoni peshkun dhe vendoseni në frigorifer për 4 orë, duke e rrotulluar peshkun pas 2 orësh.

c) Nxirreni peshkun nga shëllira dhe mbështilleni me letër alumini. Vendoseni paketën e mbështjellë në një tepsi dhe piqni për 15 deri në 20 minuta ose më shumë derisa mishi të copëtohet lehtë. Hapeni peshkun dhe shërbejeni në një pjatë të madhe.

d) Oriz gëlqere:Përziejini përbërësit dhe ziejini për 30 minuta ose më shumë derisa uji të avullojë. I rregullojmë me piper dhe e zbukurojmë me lëkurë dhe qepë

63.Snapper e kuqe me kore sheqeri

Përbërësit:

- 1 lugë gjelle sheqer kaf
- 2 lugë çaji hudhër të grirë
- 2 lugë çaji kripë
- 2 lugë çaji piper të zi të sapo bluar
- $\frac{1}{2}$ lugë çaji thekon spec të kuq të grimcuar
- 1 (1$\frac{1}{2}$- deri në 2 kile) fileto me grila të kuqe
- 2 lugë gjelle vaj ulliri, plus më shumë për lyerjen e grirës
- 1 lime në feta, për zbukurim

Drejtimet:

a) Pas procedurës specifike të fillimit të prodhuesit, ngrohni paraprakisht duhanpirësin në 225°F dhe shtoni Peletin e Preferuar të Drurit të Alder.

b) Në një tas të vogël, përzieni sheqerin kaf, hudhrën dhe kripën, piperin dhe thekonet e piperit të kuq për të bërë një përzierje erëzash.

c) Fërkoni vajin e ullirit në të gjithë peshkun dhe aplikoni përzierjen e erëzave në shtresë.

d) Lyejeni me vaj grilën e skarës ose një rrogoz skarë që nuk ngjit ose ekranin e shpuar të picës. Vendoseni filetон në raftin e duhanpirësit dhe pini duhan për 1 deri në 1$\frac{1}{2}$ orë, derisa temperatura e brendshme e tymit të regjistrojë 145°F.

e) Hiqni peshkun nga Peleti i Preferuar i Dritit dhe shërbejeni të nxehtë me fetat e limonit.

64. E tymosur çaji

Rendimenti: 6 servirje

Përbërës

- 1 fileto snapper Luga (rreth 1 lb)
- 6 lugë gjelle gjethe çaji të zi kinez
- 6 Anise yll
- 3 shkopinj kanelle
- 20 karafil
- 6 lugë oriz të papërpunuar
- 6 thelpinj hudhër, të shtypura

Marinadë:

- 2 gota ujë të ftohtë
- 6 lugë salcë soje
- 1 lugë gjelle Sheqer
- $\frac{1}{2}$ filxhan lëng xhenxhefili
- 2 lugë kripë

a) Përzieni marinadën, vendoseni në peshk dhe lëreni për rreth 3 orë. Vendoseni peshkun në një skarë teli ose raft bambuje të rrumbullakët brenda wok-ut, të paktën 5 cm mbi përbërësit e duhanit. Mbulojeni wok-in dhe pini duhan mbi zjarr të ulët për 15-20 minuta.

b) Pritini dhe shërbejeni të nxehtë ose të ftohtë me një turshi të shijshme lakër kineze.
c) Lëng xhenxhefili: Qëroni 125 g xhenxhefil të ri të freskët, priteni në copa dhe vendoseni në një përpunues ushqimi. Shtoni 5 lugë ujë dhe përpunoni derisa të jetë e qetë. Hidheni përmbajtjen në një sitë të imët ose në një copë leckë të pastër dhe të imët. Shtrydheni për të nxjerrë lëngun e xhenxhefilit me shije të freskët dhe me spec.

65.Gërshetim i stilit grek në skarë

Rendimenti: 1 porcione

Përbërës

- $\frac{1}{2}$ filxhan vaj ulliri
- 3 lugë gjalpë të shkrirë
- 1 thelpi hudhër e shtypur
- 2 lugë parmezan të grirë
- 1 lugë çaji rigon
- $\frac{1}{4}$ lugë çaji piper limoni
- $\frac{1}{4}$ lugë çaji kripë me erëza
- 2 lugë lëng limoni të freskët
- 1 paund Fileto snapper të kuqe

a) Në enë bashkojmë vajin, gjalpin, djathin, rigonin, piperin e limonit, kripën dhe lëngun e limonit. Shtoni peshk; kthehet në shtresë të barabartë. Mbulojeni me mbështjellës plastik dhe vendoseni në frigorifer për 1 orë. Kullojeni peshkun, duke rezervuar marinadën. Vendosini filetot nga ana e lëkurës poshtë në shportën e skarës të lyer me vaj; piqni në skarë 3-4 minuta për anë.

b) Lyejeni peshkun me marinadë gjatë pjekjes në skarë.

66. Burger i kuq i pjekur në skarë me ketchup mango

Rendimenti: 4 porcione

Përbërës

- 1 paund Kërcetë e kuqe e freskët
- 3 Të bardhat e vezëve
- 2 lugë qepë të njoma -- të copëtuara
- 1 lugë gjelle salcë White Worcestershire
- 1 lugë gjelle salcë peshku Thai
- $\frac{1}{4}$ filxhan ketchup mango -- Shihni recetën
- $\frac{1}{4}$ paund spinaq
- $\frac{1}{2}$ filxhan thërrime buke
- 1 lugë çaji kopër -- i copëtuar
- 1 copë bukë franceze

a) Pritini kuqin e kuq me dorë ose me një teh çeliku në një përpunues ushqimi. Vendoseni prerësin në një tas të madh inox. Shtoni të bardhën e vezës, salcën Worcestershire, salcën e peshkut, qepën e gjelbër dhe koprën. Përziejini mirë së bashku. Shtoni në këtë përzierje thërrime buke të mjaftueshme për të lidhur përzierjen së bashku. Formojini në 4 forma burger, $\frac{1}{2}$ inç të trasha dhe lërini të ftohet për rreth $\frac{1}{2}$ orë në frigorifer.

b) Ngrohni një skarë ose brojler derisa të nxehet shumë. Ndërkohë pastroni dhe thani spinaqin. Hidhni pak vaj ulliri mbi burgerët pak para se t'i grini në skarë. Burgerin e pjekim në zjarr të fortë për rreth 1-$\frac{1}{2}$ minuta, duke pasur kujdes që të mos zihet tepër peshku.

c) Shërbejeni burgerin menjëherë mbi bukë franceze me gjethe spinaq dhe të veshur me Mango Ketchup.

67. Këpucë e kuqe e pjekur në skarë me barishte pranverore

Rendimenti: 4 racione

Përbërës

- 4 copëza të vogla të kuqe, të pastruara (1 1/2 deri në 2 paund secila)
- 4 lugë vaj ulliri ekstra i virgjër
- Kripë e trashë për shije
- Piper i zi i freskët i bluar për shije
- 2 tufa Trumzë e freskët (tufa të mëdha)
- 4 limonë, të përgjysmuar në mënyrë tërthore, për zbukurim
- 1 filxhan salcë e lehtë dhe e nxehtë

a) Përgatitni skarë me qymyr të nxehtë ose ngrohni paraprakisht broilerin.

b) Shpëlajeni peshkun brenda dhe jashtë dhe më pas thajeni. E lyejmë gëlqeren brenda dhe jashtë me vaj dhe e spërkasim me kripë dhe piper. Vendosni 3 ose 4 degë trumzë brenda secilit peshk. Mbyllni hapjet me hell të vegjël metalikë.

c) Lyejeni pak me vaj raftin e skarës dhe vendoseni peshkun në raft, 4" nga burimi i nxehtësisë. Piqini në skarë derisa të gatuhet, 4-6 minuta për anë, duke e kthyer një herë.

d) Shërbejeni menjëherë në një pjatë dekorative të zbukuruar me degëzat e mbetura të trumzës, gjysmat e limonit dhe disa lule të freskëta nusturciumi, nëse ka.

e) Shërbejeni së bashku salcën e lehtë dhe të nxehtë.

Karkaleca dhe Karkaleca e Pjekur në Sgarë

68. Karkaleca me erëza Barbecue

Rendimenti: 4 porcione

Përbërësit

- 24 karkaleca të mëdha; të qëruara dhe të zbutura
- 1 filxhan paprika
- 1 lugë gjelle Secila: piper i kuq; hudhra pluhur, piper i zi dhe kripë
- 2 lugë çaji Rigon i tharë
- 1 lugë trumzë e thatë
- ½ lugë gjelle kopër të thatë
- 2 gota Krem pana
- ½ lugë çaji Skewers shafran
- ½ filxhan kokrra misri të freskët
- 2 lugë shurup panje
- 2 limonë; lëngun e
- Kripë për shije

Drejtimet

a) Barbecue Spice: Përzieni paprikën, kajenën, hudhrën pluhur, piper, kripë, rigon, trumzë dhe kopër; përzieni mirë. Ruajeni në enë hermetike. Bën rreth 11/2 gota

b) Karkaleca: Thitni 4 hell bambuje në ujë për 2 orë; vendosni 6 karkaleca në çdo hell dhe spërkatni pa masë me Barbecue Spice.

c) Vendosni karkalecat në skarë për Barbecue, duke u siguruar që bishtat të jenë larg nga pjesa më e nxehtë e zjarrit. Piqni në skarë rreth 3 deri në 4 minuta për çdo anë ose më shumë derisa të mbaroni. Mos e tepronі. Shërbejeni me shafran dhe krem misri të ëmbël. Shërbejeni 1 hell për person.

d) Krem me shafran dhe misër të ëmbël: Ngroheni kremin në tenxhere me shafran dhe misër derisa shafrani të fillojë të japë ngjyrë. Shtoni shurupin. Hidhni lëngun e limonit dhe kripën.

69. Hell me glazurë me prodhim deti me mollë

Rendimenti: 6 porcione

Përbërës

- 1 kanaçe Koncentrat i lëngut të mollës së ngrirë
- 1 lugë gjelle gjalpë dhe mustardë Dijon
- 1 piper i madh i kuq i embel
- 6 segmente proshutë
- 12 Fiston deti
- 1 paund karkaleca të prera, të devijonuara (rreth 36)
- 2 lugë majdanoz të freskët të prerë në kubikë

Në një tenxhere të thellë dhe të rëndë, zieni koncentratin e lëngut të mollës mbi nxehtësinë e lartë 7 10 minuta ose më shumë derisa të reduktohet në rreth $\frac{3}{4}$ filxhan. Hiqeni nga nxehtësia, shtoni gjalpin dhe mustardën derisa të jetë e qetë. Le menjane. Pritini specin në gjysmë dhe hiqni farat dhe kërcellin, priteni piperin në 24 pjesë. Pritini segmentet e proshutës në gjysmë në mënyrë tërthore, mbështillni çdo fiston në një copë proshutë.

piper hell, fiston dhe karkaleca në mënyrë alternative në 6 hell. Vendosni hell mbi skarë të lyer me vaj. Piqeni në skarë mbi nxehtësi mesatare të lartë për 2-3 minuta, duke e lyer me lustër me lëng molle dhe duke e rrotulluar shpesh, derisa fiston

të bëhet i errët, karkaleca të jetë rozë dhe piper të zbutet.
Shërbejeni të spërkatur me majdanoz.

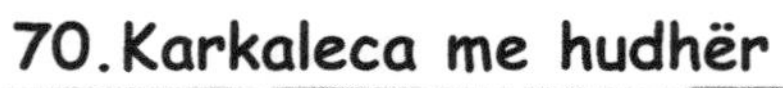

70.Karkaleca me hudhër

Rendimenti: 4 porcione

Përbërësit

- $1\frac{1}{2}$ paund karkaleca Jumbo
- $\frac{1}{2}$ filxhan vaj hudhre
- 1 lugë pastë domate
- 2 lugë uthull vere të kuqe
- 2 lugë borzilok të freskët të prerë në kubikë
- Kripë
- Piper i sapo bluar

Karkaleca me guaskë dhe devein. Përziejini së bashku përbërësit e mbetur

Përziejini me karkaleca dhe vendoseni në frigorifer për 30 minuta deri në një orë, duke i përzier herë pas here.

Hiqni karkalecat, ri-pjestoni marinadën.

Hell karkaleca duke e përkulur secilin pothuajse në gjysmë, kështu që fundi i madh pothuajse prek skajin më të vogël, më pas fut një hell pak sipër bishtit në mënyrë që të kalojë dy herë nëpër trup.

Grijini në skarë 4-6 inç nga qymyri për 6-8 minuta, ose deri sa të gatuhet, duke e rrotulluar shpesh dhe duke e larë me furçë dy ose tre herë me marinadë të rezervuar.

71.Karkaleca borziloku

Përbërësit

- 2 1/2 lugë vaj ulliri 3 thelpinj hudhër, të grira
- 1/4 filxhan gjalpë, kripë e shkrirë për shije
- 1 1/2 limon, me lëng 1 majë piper të bardhë
- 3 luge gjelle mustarde te trashe me kokrriza te trasha 3 kile karkaleca te fresketa, te qeruara dhe te deveuara
- 4 oce borzilok të freskët të grirë

Në një enë ose enë të cekët, jo poroze, përzieni së bashku vajin e ullirit dhe gjalpin e shkrirë. Më pas përzieni lëngun e limonit, mustardën, borzilokun dhe hudhrën dhe i rregulloni me kripë dhe piper të bardhë. Shtoni karkalecat dhe përziejini që të lyhen. Mbulojeni dhe vendoseni në frigorifer ose në frigorifer për 1 orë. Ngrohni skarën Blackstone në nxehtësi të lartë. Hiqni karkalecat nga marinada dhe hidhini në hell. Lyejeni pak me vaj dhe rregulloni hellet në skarë. Gatuani për 4 minuta, duke e rrotulluar një herë, deri sa të jetë gati.

72. Karkaleca të pjekura në skarë të mbështjellë me proshutë

Rendimenti: 4 porcione

Përbërës

- 20 karkaleca Med; pastruar deveined
- 10 shirita proshutë; të papërpunuara, të prera në ha
- 3 speca të kuq ose të verdhë të ëmbël;
- 4 lugë vaj ulliri ekstra i virgjër
- 2 luge uthull balsamike
- 1 lugë mustardë
- Degëz trumzë të freskët
- 1 Radiçio me kokë
- 1 Kokë endive
- 1 Kreu Bibb marule

Lani dhe thani radicchio, endive dhe marule. Pritini në copa sa një kafshatë dhe lërini mënjanë. Mbështilleni fort çdo karkalec me ½ rrip proshutë.

Grijini në tigan ose mbi skarë me qymyr deri sa të jenë të freskëta, 3-5 minuta, duke e rrotulluar një herë. Mbulojeni për të mbajtur ngrohtë. Pritini specat dhe pritini në shirita të hollë julien. Le menjane. Përzieni vajin, uthullën, mustardën dhe trumzën në një kavanoz. Mbulojeni dhe tundeni mirë. Vendosni zarzavatet dhe specat në një pjatë.

Shtoni karkaleca. Përziejini butësisht me vinegrette.

Shërbejeni në pjata të cekëta, duke rregulluar fillimisht zarzavatet dhe 5 karkaleca sipër zarzavateve.

73.Karkalecat e mbushura me pesto

BEN 4 Porcione

Përbërësi:

- 12 karkaleca deti ose kolosale (10Ð15 numërim)
- karkaleca
- 1 spec djegës jalapeno, me fara
- filxhan Cilantro Pesto
- 3 lugë qepe e prerë në kubikë
- 3 lugë vaj ulliri
- 1 thelpi i vogël hudhër, i grirë
  - 3 lugë gjelle cilantro të freskët të prerë në kubikë

Fërkimi

- Vinaigrette Guacamole:
- lugë çaji kripë e trashë
- 2 Avokado me fara, të papastër dhe të qëruar
- Majë piper të zi të bluar
- Lëng i 1 filxhan të madh lime vaj ulliri ekstra të virgjër
- 1 domate të prerë me fara dhe të prera hollë

Ndezni një skarë për nxehtësi të drejtpërdrejtë mesatare-të lartë, rreth 425¼F

Prisni karkalecat përgjatë shpinës për të hapur mesin

Mbushni hapjen në çdo karkalec me rreth ½ deri në 1 lugë çaji pesto. Lyejini të gjitha karkalecat e mbushura me vaj ulliri.

Për vinegrette guacamole: Grini avokadon në një pjatë të moderuar me një pirun. Përzieni përbëresin kryesor të mbetur. Le menjane.

Lyejeni grilin me furçë dhe lyejeni me vaj. Grijini karkalecat në skarë direkt mbi nxehtësinë derisa të jenë të forta dhe të shënjuara mirë në skarë, rreth 4 minuta nga çdo anë.

Hiqeni në pjata dhe spërkatni me vinegrette guacamole.

74. Karkaleca të pjekura në skarë me rigon

Rendimenti: 4 porcione

Përbërës

- 16 Karkaleca të mëdha, të granatuara, të deveinuara
- ½ filxhan vaj ulliri
- 3 thelpinj hudhër
- 2 lugë rigon i freskët
- 2 lugë majdanoz me gjethe të freskëta të sheshta
- 1 lugë çaji speca të kuq
- Kripë dhe e sapokrisur
- Piper
- 2 gota vaj Canola

Në një pjatë të moderuar, përzieni karkalecat me vajin e ullirit, hudhrën dhe rigonin, majdanozin, thekonet e piperit të kuq dhe kripën dhe piperin. Lëreni të marinohet për 1 orë. Vendosni vajin e canola në një tenxhere të vogël dhe ngrohni në 350 gradë, shtoni segmentet e hudhrës dhe skuqeni derisa të marrin një ngjyrë kafe të lehtë.

E nxjerrim me një lugë të prerë dhe e kullojmë në peshqir letre. Ngrohni skarën Blackstone.

Hiqni karkalecat nga shëllira dhe piqini në skarë për 2 deri në 3 minuta nga secila anë deri sa të gatuhen. Vendoseni në një pjatë dhe sipër me patate të skuqura hudhër.

75. Meze me hell karkalecash Mojo

Përbërësit:

- 2 paund. proshutë në feta
- 64 karkaleca të papërpunuara, me bisht
- 2 C Mojo tradicionale kubane
- $\frac{1}{4}$ C Adobo Criollo
- 32 Skelat e preferuara me pelet druri, të njomur

Drejtimet:

Shpëlajini karkalecat e papërpunuara dhe kullojini. Në një tas të madh, hidhni karkalecat dhe erëzat Adobo Criollo.

Mbështilleni çdo karkalec me $\frac{1}{2}$ fetë proshutë dhe kaloni dy mbështjellje në secilën hell, duke prekur dhe me një hell si në proshutë ashtu edhe në karkaleca.

Sillni grilën e peletit në nxehtësi mesatare, vajin dhe vendosni skelat në skarë.

Piqni në skarë 3-5 minuta, derisa proshuta të jetë gatuar, rrokullisni dhe gatuajeni edhe 2-3 minuta të tjera.

Hiqeni nga grila dhe lëreni të pushojë në një pjata të mbuluara me peshqir letre 2-3 minuta përpara se ta shërbeni. për këtë lloj pjekjeje.

76.Karkaleca pikante të stilit brazilian

Rendimenti: 1 shërbim

Përbërës

- 2 paund karkaleca Jumbo, të qëruar dhe të deveinuar
- 1 lugë hudhër të grirë
- 1 lugë gjelle speca djegës të freskët të kuq të kuq të grirë imët, me fara
- $\frac{1}{2}$ filxhan vaj ulliri ekstra i virgjër, mundësisht i importuar nga Brazili
- $\frac{1}{2}$ filxhan vaj ulliri ekstra i virgjër
- Salcë me piper të kuq djegës, për shije

a) Në një enë pjekjeje qelqi hidhni karkalecat me hudhrën, specin djegës dhe vajin e ullirit. Mbulojeni dhe marinoni, vendoseni në frigorifer për të paktën 24 orë. Ngrohni paraprakisht skarën ose broilerin dhe gatuajini karkalecat, duke i larë herë pas here me marinadë, për 2 deri në 3 minuta nga çdo anë.

b) Në një tas të vogël përzieni së bashku $\frac{1}{2}$ filxhan vaj ulliri dhe salcë piper të kuq djegës, për shije.

c) Shërbejeni karkalecat e nxehta të pjekura në skarë me salcën e zhytjes.

77.Meze karkaleca kabob

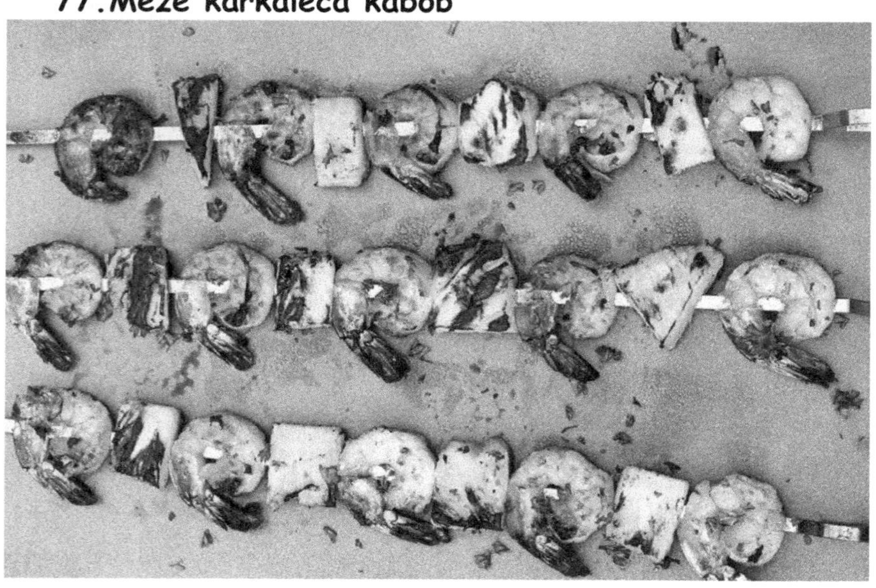

Përbërësit

- 3 lugë vaj ulliri
- 3 thelpinj hudhre, te shtypura
- 1/2 filxhan thërrime buke të thata
- 1/2 lugë çaji erëza me ushqim deti
- 32 karkaleca të mesme të papjekura
- salcë koktej me ushqim deti

Drejtimet

a) Në një tas të cekët, bashkoni vajin dhe hudhrën; le me siguri janë një simbol i 30 minutave. Në një enë tjetër, kombinoni thërrimet e bukës dhe erëzat e ushqimeve të detit. Zhytni karkalecat në përzierjen e vajit, më pas lyejeni me përzierjen e thërrimeve.

b) Fije mbi hell druri ose të njomur. Grijini kabobat, të mbuluara, në zjarr mesatar për 2-3 minuta ose derisa karkalecat të marrin ngjyrë rozë. Shërbejeni me salcë deti.

78. Kaboba me karkaleca dhe pjeshkë

Përbërësit

- 1 lugë gjelle sheqer kaf të paketuar
- 1 lugë çaji paprika
- 1/2 deri në 1 lugë çaji spec djegës ancho
- 1/2 lugë çaji qimnon i bluar
- 1/4 lugë çaji kripë
- 1/4 lugë çaji piper i sapo bluar
- 1/8 deri në 1/4 lugë çaji piper kajen
- 1 kile karkaleca të paziera
- 3 pjeshkë mesatare
- 8 qepë të njoma
- sprej gatimi me shije vaj ulliri
- pykat e gëlqeres

Drejtimet

a) Përzieni sheqerin kaf dhe erëzat. Vendosni karkalecat, pjeshkët dhe qepët e njoma në një tas të madh; spërkateni me përzierjen e sheqerit kaf dhe hidheni të lyhet. Në katër ose tetë hell druri ose të njomur, fijeni në mënyrë alternative karkaleca, pjeshkë dhe qepë jeshile.

b) Spërkatni lehtë të dy anët e kabobit me llak gatimi. Grini, të mbuluar, mbi nxehtësinë mesatare ose ziejini 4 inç nga nxehtësia 3-4 minuta nga secila anë ose derisa karkalecat të marrin ngjyrë rozë. Shtrydhni pykat e gëlqeres mbi kaboba.

79.Gazpacho

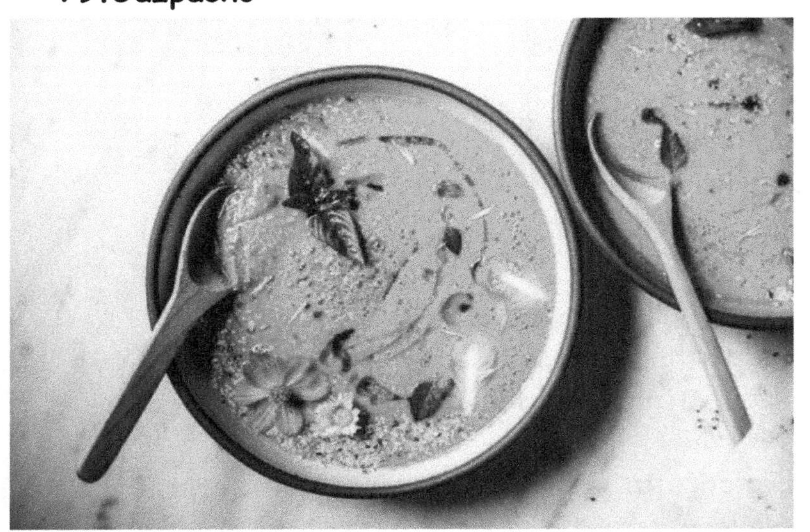

Përbërësit

- 2 thelpinj hudhra
- 1/2 qepë të kuqe
- 5 domate rome
- 2 kërcell selino
- 1 kastravec i madh
- 1 kungull i njomë
- 1/4 filxhan vaj ulliri ekstra të virgjër
- 2 lugë gjelle uthull vere të kuqe
- 2 lugë sheqer Disa pika salcë e nxehtë Dash kripë
- Piper i zi i grirë
- 4 gota lëng domate të cilësisë së mirë
- 1 kile karkaleca, feta avokado të qëruara dhe të devijonuara, për servirje
- 2 vezë të ziera fort, gjethe të freskëta cilantro të grira imët, për servirje bukë me kore, për servirje

Drejtimet

a) Grini hudhrën, prisni qepën në feta dhe grijini domatet, selinon, kastravecin dhe kungull i njomë. Hidhni të gjithë hudhrën, të gjithë qepën, gjysmën e perimeve të mbetura të prera në kubikë dhe vajin në tasin e një përpunuesi ushqimi ose, nëse dëshironi, në një blender.

b) Spërkateni me uthull dhe shtoni sheqerin, salcën djegëse, kripë dhe piper. Në fund hidhni 2 gota lëng domate dhe përziejeni mirë. Në thelb do të keni një bazë domate me një konfeti të bukur perimesh.

c) Derdhni përzierjen e përzier në një tas të madh dhe shtoni gjysmën tjetër të perimeve të prera në kubikë. I trazojmë së bashku. Më pas përzieni 2 gotat e mbetura me lëng domate. Jepini një shije dhe sigurohuni që erëza të jetë e duhura. Rregulloni sipas nevojës. Lëreni në frigorifer për një orë nëse është e mundur.

d) Grini ose kaurdisni karkalecat derisa të bëhen të errëta. Le menjane. Hidheni supën në enë, shtoni karkalecat e pjekura në skarë dhe zbukurojeni me feta avokadoje, vezë dhe gjethe cilantro. Shërbejeni me bukë të kores anash.

80. Karkaleca turshi

Përbërësit

- $6\frac{3}{4}$ gota ujë
- 2 lugë gjelle plus 2 lugë çaji kripë kosher
- 1 kile karkaleca të mëdha
- 10-12 feta të holla limoni
- $\frac{3}{4}$ filxhan qepë të kuqe të prerë shumë hollë
- $\frac{3}{4}$ filxhan selino të prerë shumë hollë
- 2 lugë çaji kokrra piper të zi
- 4 karafil të tërë
- 4 gjethe dafine te thara
- 1 degëz tarragon e freskët, e grirë
- $\frac{3}{4}$ filxhan uthull molle
- 1 thelpi i madh hudhre
- Vaj ulliri ekstra i virgjër, për servirje

a) Kombinoni 6 gota ujë dhe 2 lugë kripë në një tenxhere të mesme mbi nxehtësinë e lartë. Lërini të ziejnë shpejt, më pas hidhni karkalecat në ujë dhe gatuajeni, duke i përzier shpesh, derisa të jenë dredhur plotësisht, rreth 2 minuta. Kullojini karkalecat dhe më pas shpëlajini nën ujë të ftohtë të rrjedhshëm për të ndaluar zierjen. I lëmë të kullojnë dhe të ftohen. Vareni në tenxhere, pasi do ta përdorim përsëri për të bërë shëllirë.

b) Kombinoni karkalecat, limonin, qepën, selinon, kokrrat e piperit, karafilin, gjethet e dafinës dhe tarragonin në një tas mesatar. Paketoni fort përzierjen në një kavanoz konservimi kuart.

c) Kombinoni 2 lugët e mbetura të kripës me $\frac{3}{4}$ filxhanin e mbetur të ujit, uthullën, hudhrën dhe sheqerin në tenxheren mesatare. Ngroheni në zjarr të lartë derisa të vlojë, duke e trazuar për të ndihmuar në tretjen e sheqerit dhe kripës. Hidh shëllirë

81.Tilapia e mbushur me karkaleca të tymosur

Shërben 5

Përbërësit

5 ons (142 g) fileto tilapia të freskëta, të kultivuara

2 lugë vaj ulliri ekstra të virgjër

1 dhe ½ lugë çaji piper i tymosur

1 dhe ½ lugë çaji erëza Old Bay

Mbushje me karkaleca

- 1 paund (454 g) karkaleca, të gatuara dhe të devejnuara
- 1 lugë gjelle gjalpë të kripur
- 1 filxhan qepë të kuqe, të prerë në kubikë
- 1 filxhan bukë italiane
- 1 filxhan majonezë
- 1 vezë e madhe, e rrahur
- 2 lugë çaji majdanoz të freskët, të grirë
- 1 dhe ½ lugë çaji kripë dhe piper

a) Merrni një procesor ushqimi dhe shtoni karkaleca, copëtoni ato

b) Merrni një tigan dhe vendoseni në nxehtësi mesatare në të lartë, shtoni gjalpë dhe lëreni të shkrihet. Kaurdisni qepët për 3 minuta

c) Shtoni karkaleca të copëtuara me qepë të skuqur të ftohur së bashku me përbërësit e mbetur të renditur nën përbërësit e mbushjes dhe transferojeni në një tas

d) Mbulojeni përzierjen dhe lëreni të qëndrojë në frigorifer për 60 minuta. Fërkoni të dy anët e filetës me vaj ulliri
e) Lugë $^{1}/_{3}$filxhan me mbushje në fileto. Rrafshoni mbushjen në gjysmën e poshtme të filetos dhe palosni Tilapia-n në gjysmë
f) Sigurojeni me 2 kruese dhëmbësh. Pluhuroni çdo fileto me paprika të tymosur dhe erëza Old Bay
g) Ngrohni duhanpirësin tuaj në 400 gradë Fahrenheit
h) Shtoni peletat tuaja të preferuara të drurit dhe transferojini filetot në një tabaka grill që nuk ngjit
i) Transferoni te duhanpirësi dhe duhanpirësi juaj për 30-45 minuta derisa temperatura e brendshme të arrijë 145 gradë Fahrenheit. Lëreni peshkun të pushojë për 5 minuta dhe shijojeni!

82.Karkaleca e tymosur me erëza Cajun

Shërben 4

Përbërësit

- 4 lugë vaj ulliri
- 1 lugë erëza Cajun
- 2 thelpinj hudhre, te grira
- 1 lugë gjelle lëng limoni
- Kripë, për shije
- 2 lb (907 g) karkaleca të qëruar dhe të devejohur

Kombinoni të gjithë përbërësit në një qese plastike të mbyllur. Hidheni të lyhet në mënyrë të barabartë.

Marinojini në frigorifer për 4 orë. Vendoseni skarën Pit boss në të lartë.

Ngrohni atë për 15 minuta ndërsa kapaku është i mbyllur. Fije karkaleca mbi hell.

Piqeni në skarë për 4 minuta nga çdo anë. Dekoroni me copa limoni.

83.Përzierje karkalecash me salsiçe të tymosur Kielbasa

Shërben 12

Përbërësit

- 3 lb (1,4 kg) Karkaleca (të mëdha), me bishta, të ndara.
- 2 paund (907 g) sallam i tymosur Kielbasa
- 6 kokrra të prera në 3 pjesë.
- 2 lb (907 g) Patate, të kuqe
- Gjiri i Vjetër

Ngrohni grilën në 275°F (135°C) me kapak të mbyllur.

Së pari, gatuajeni sallamin në skarë. Gatuani për 1 orë.

Rrisni temperaturën në të lartë. Sezoni misrin dhe patatet me Old Bay. Tani piqini derisa të zbuten.

Sezoni karkalecat me Gjirin e Vjetër dhe gatuajeni në skarë për 20 minuta.

Në një enë bashkojmë përbërësit e zier. Hedhje.

Rregulloni erëzat me Old Bay dhe shërbejeni. Kënaquni!

84. Borziloku i tymosur karkalecat dhe qebapët e fistonit

Rendimenti: 4 Shërbim

Përbërës

- $\frac{1}{2}$ filxhan patate të skuqura Applewood
- $\frac{1}{2}$ paund Karkaleca të mëdha
- $\frac{1}{2}$ paund Fiston deti
- 1 filxhan Borzilok i freskët i grirë

a) Thithni copat e mollës në ujë për 1 orë.
b) Zhytni katër hell bambuje 6 inç në ujë për 15 minuta. Ndani karkalecat dhe fiston në mënyrë alternative në çdo hell.
c) Rreshtoni një wok ose një tigan të drejtë me letër alumini me trashësi të dyfishtë. Kulloni patatet e mollës dhe bashkojini me borzilokun në fund. Fusni një raft të ulët që do t'i mbajë hellet të ngritura, por gjithsesi do të lejojë që një mbulesë të përshtatet.
d) Vendosni hellet nëpër raft dhe mbuloni tavën. Nëse përdorni një wok, lidhni 2 peshqirë të lagur rreth kapakut; për një tigan, vendosni një peshqir të lagur mbi mbulesë dhe fiksoni fort.
e) I pini qebapët për 15 minuta në zjarr mesatar-të lartë. Hiqeni tiganin nga zjarri dhe lëreni mënjanë për 5 minuta para se ta zbuloni. Shërbejeni menjëherë.

karavidhe i pjekur në skarë

85. Bishta karavidhe të ëmbla të pjekura në skarë

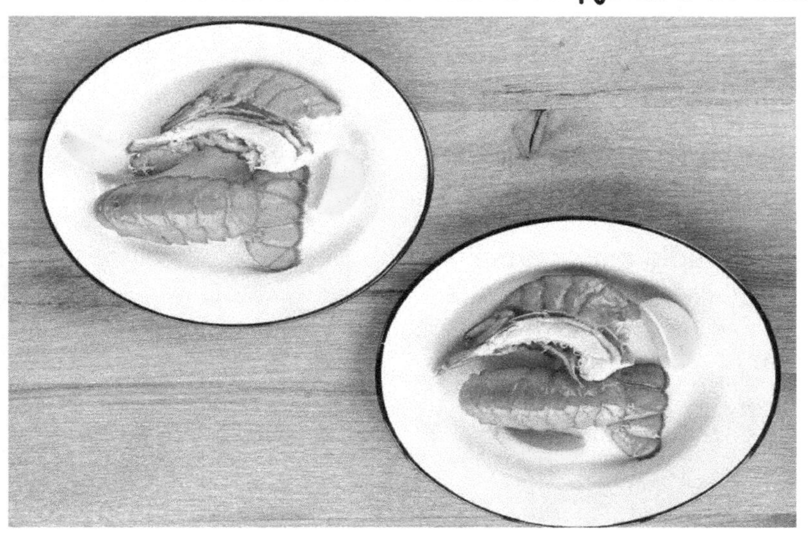

Përbërësit:

- 12 bishta karavidhesh
- $\frac{1}{2}$ C vaj ulliri
- $\frac{1}{4}$ C lëng limoni të freskët
- $\frac{1}{2}$ C gjalpë
- 1 lugë gjelle. hudhra e shtypur
- 1 lugë sheqer
- 1/2 lugë kripë
- $\frac{1}{2}$ lugë piper i zi

Drejtimet:

a) Kombinoni lëngun e limonit, gjalpin, hudhrën, kripën dhe piperin mbi nxehtësinë e ulët dhe përzieni derisa të përzihet mirë, mbajeni të ngrohtë.
b) Krijoni një "zonë të ftohtë" në njërin skaj të grilës së peletit. Lyejeni anën e mishit të bishtit me vaj ulliri, vendoseni në skarë dhe gatuajeni për 5-7 minuta, në varësi të madhësisë së bishtit të karavidheve.
c) Pasi ta ktheni, lyeni mishin me gjalpë hudhre 2-3 herë.
d) Predha duhet të jetë e kuqe e ndezur kur të mbarojnë. Hiqni bishtat nga grila dhe duke përdorur gërshërë të mëdha kuzhine, hapni pjesën e sipërme të guaskës.
e) Shërbejeni me gjalpë hudhre të ngrohtë për zhytje.

86. Bishtat e karavidheve me gjalpë limoni

Përbërësit:

- 4 (8 ons) bishta karavidhesh, të freskëta (jo të ngrira)
- 1 filxhan (2 shkopinj) gjalpë pa kripë, i shkrirë, i ndarë
- Lëng nga 2 limona
- 1 lugë çaji hudhër të grirë
- 1 lugë çaji trumzë e tharë
- 1 lugë çaji rozmarinë e tharë
- 1 lugë çaji kripë
- 1 lugë çaji piper i zi i sapo bluar
- Vaj ulliri, për lyerjen me vaj të rendes
- $\frac{1}{4}$ filxhan majdanoz të freskët të grirë

Drejtimet:

a) Në një tas të vogël, përzieni së bashku gjalpin, lëngun e limonit, hudhrën, trumzën, rozmarinën, kripën dhe piperin. Lyejeni çdo bisht karavidhesh me 1 lugë gjelle gjalpë limoni.
b) Vendosni bishtat në raftin e duhanpirësit të ndarë nga ana lart.
c) Piqeni bishtat për 45 minuta deri në 1 orë, duke i lyer secilin me 1 lugë gjelle gjalpë limoni një herë gjatë gatimit.
d) Hiqni bishtat e karavidheve dhe spërkatni me majdanoz dhe shërbejeni me gjalpin e mbetur të limonit për zhytje.

87. Karavidhe i tymosur me çaj lychee të zezë

Rendimenti: 4 Shërbim

Përbërës

- 2 karavidhe në Maine
- 2 gota oriz të bardhë
- 2 gota sheqer kaf
- 2 filxhanë çaj Zi Lichee
- 2 Mango e pjekur
- $\frac{1}{2}$ filxhan shkopinj Jicama
- $\frac{1}{2}$ filxhan byrynxhyk me nenexhik
- $\frac{1}{2}$ filxhan byrynxhyk me borzilok
- 1 filxhan fije fasule mung, të zbardhura
- Salcë peshku gaforre
- 8 fletë letre orizi

a) Ngrohni paraprakisht tiganin e thellë të hotelit derisa të nxehet shumë. Shtoni orizin, sheqerin dhe çajin në një tigan të thellë dhe menjëherë vendosni karavidhe në tiganin e cekët të shpuar sipër. Mbulojeni shpejt me letër alumini. Kur duhanpirësi fillon të pijë duhan, tymosni karavidhe për 10 minuta në zjarr të ulët ose derisa të gatuhet. Ftohni karavidhe dhe më pas pritini bishtat në shirita të gjatë.

b) Kombinoni xhicamën, nenexhikun, borzilokun, fillin e fasules dhe hidhini me salcën e peshkut.

c) Thithni letrën e orizit në ujë të ngrohtë dhe vendosni pak nga përzierja në letrën e zbutur. Vendosni shirita karavidhesh të tymosur dhe feta mango. Rrotulloni dhe lëreni të qëndrojë 10 minuta. Mbështillni rolet individualisht fort me mbështjellës plastik për të siguruar ruajtjen e lagështisë.

88.Karavidhe i pjekur në skarë me vaj borziloku

Rendimenti: 8 porcione

Përbërës

- 1 filxhan gjethe borziloku të freskët
- $1\frac{1}{2}$ filxhan vaj ulliri
- 8 karavidhe të gjalla

a) Sillni një tenxhere me ujë të madhësisë mesatare në një valë. Shtoni borzilokun dhe zbardhni 20 sekonda. Kullojeni. Transferoni gjethet në procesor dhe përziejini mirë. Ndërsa makina është ende në punë, shtoni 1 filxhan vaj përmes tubit të ushqyer dhe përzieni derisa të jetë e qetë.

b) I rregullojmë sipas shijes me kripë dhe piper.

c) Përgatitni një zjarr me dru ose qymyr dhe lëreni të digjet deri në prush.

d) Për karavidhe, futni majën e një thike të madhe kuzhinierësh menjëherë pas kokës së karavidheve. Pritini pjesën e poshtme nga koka në bisht. Sigurohuni që të mos e prisni deri në fund guaskën e pasme. Përhapni gjysmat larg njëri-tjetrit.

e) Me gishtat tuaj ose duke përdorur një thikë për pastrim, hiqni dhe hidhni venën si trakti intestinal që shkon përgjatë gjatësisë së karavidheve.

f) Së pari, ktheni kthetrat, pastaj bishtin. Hiqni guaskën e butë të brendshme nga bishti. Lyejeni karavidhet me $\frac{1}{2}$ filxhan vaj ulliri dhe i rregulloni me kripë dhe piper.

g) Grijini me anën e prerë lart për 20 minuta. Lyejeni pak borzilok mbi karavidhe. Shërbejeni duke kaluar veçmas vajin e mbetur të borzilokut.

89. Karavidhe i pjekur në skarë me vinegrette chipotle portokalli

Rendimenti: 1 porcion

Përbërës

- Tetë; (1 £ 1/2) karavidhe të gjalla
- ¾ lugë çaji Lëkura e portokallit të freskët të grirë imët
- 1 filxhan lëng portokalli të freskët
- ¼ filxhan uthull të verës së bardhë
- 1½ lugë gjelle speca djegës të konservuar në adobo; ose për shije
- 2½ lugë çaji kripë
- 1 lugë çaji sheqer kaf i paketuar fort
- 1 filxhan vaj ulliri
- 2 lugë gjelle gjethe borziloku të freskët të copëtuar
- Degëza borziloku

a) Sillni një kazan të madh (të paktën 8 litra me kapacitet) plot tre të katërtat me ujë të ziejnë për karavidhe.

b) Në një blender përzieni lëvozhgën, lëngun e portokallit, uthullën, çipotat në adobo, kripën dhe sheqerin derisa çipat të jenë copëtuar mirë. Me motorin që funksionon, shtoni vaj në një rrjedhë të ngadaltë. Vinegrette mund të përgatitet deri në këtë pikë 3 ditë përpara dhe të ftohet, të mbuluar. Sillni vinegrette në temperaturën e dhomës përpara se ta shërbeni.

c) Në ujë të vluar kaurdisim pjesërisht karavidhe, 2 nga një, në zjarr të fortë për 3 minuta dhe me darë i kalojmë në një kullesë për t'u kulluar dhe për t'u ftohur. (Sigurohuni që uji të kthehet në një valë të plotë përpara se të shtoni çdo grup karavidhesh.) Kur karavidhet të jenë ftohur mjaftueshëm për t'u trajtuar, hiqni bishtat dhe kthetrat dhe hidhni trupat.

d) Përgatitni skarë.

e) Grijini kthetrat në skarë, në tufa nëse është e nevojshme, në një raft të vendosur 5 deri në 6 inç mbi thëngjij të ndezur, duke i kthyer herë pas here, derisa të shfaqen flluska të lëngshme në skajin e hapur, 5 deri në 7 minuta dhe transferojeni në një pjatë.

f) Përziejini gjethet e borzilokut në vinegrette dhe vendosni $1\frac{1}{4}$ filxhan në një enë të vogël. Lyejeni mishin në bishtin e karavidheve me pak vinegrette. Bishtet në skarë, me anën e mishit poshtë, në tufa nëse është e nevojshme, 3 minuta. Kthejeni bishtin nga ana e mishit lart, lyeni me më shumë vinegrette dhe piqeni në skarë derisa lëngjet të fryjnë dhe mishi të jetë i shëndoshë dhe i errët, 3 deri në 5 minuta. Transferoni bishtat në pjatë.

g) Karavidhe mund të piqet në skarë 2 orë përpara dhe të ftohet, pa mbuluar, përpara se të ftohet, të mbuluar.

h) Shërbejeni karavidhen të ngrohtë ose të ftohur me vinegrette të rezervuar dhe zbukurojeni me degëza borziloku.

90. Karavidhe me gjemba të pjekur në skarë me arra makadamia

Rendimenti: 4 porcione

Përbërës

- 2 karavidhe me gjemba 8-ons; (karavidhe guri)
- 2 lugë vaj kikiriku
- 8 ons petë me fije fasule; (petë celofani)
- 1 lugë çaji vaj susami
- $\frac{1}{2}$ filxhan qepë; kënd-prerje
- 5 lugë salcë soje
- $1\frac{1}{2}$ luge Sheqer
- $\frac{1}{2}$ lugë çaji rrënjë xhenxhefili i freskët; të grira
- 1 lugë çaji hudhër
- 1 lugë çaji vaj vegjetal
- 2 lugë piper i kuq zile; i përulur
- 2 lugë piper jeshil zile; i përulur
- 2 lugë piper zile të verdhë; i përulur
- 1 lugë çaji fara susami; e zezë
- 1 lugë çaji fara susami; i thekur

- 2 lugë arra Macadamia; i thekur, i grimcuar
- 2 lugë çaji Furikake; garniturë, sipas dëshirës
- 4 degëza cilantro e freskët; garniturë, sipas dëshirës

a) Përgatitni skarën. Lyejeni karavidhen me vaj kikiriku dhe piqeni në skarë për rreth 5 minuta ose derisa të jetë gati. Hiqni mishin; e presim në kubikë dhe e lëmë mënjanë.

b) Sillni një tenxhere me ujë të ziejë dhe ziejini petët me fije fasule për rreth 5 minuta ose derisa të zbuten. Shpëlajeni me ujë të ftohtë, kullojeni dhe rezervoni.

c) Salca Nxehni vajin e susamit në një tigan dhe skuqni qepët për 10-15 sekonda në zjarr të fortë. Shtoni shpejt salcën e sojës, sheqerin, xhenxhefilin dhe hudhrën. Përziejini së bashku dhe hiqeni menjëherë nga zjarri. Le menjane.

d) Ngrohni vajin e perimeve në një tigan dhe skuqni specat zile për 15 sekonda në nxehtësi të lartë ose derisa të zbuten. Le menjane.

e) PARAQITJA Ngrohni petët e gatuara me fije fasule butësisht në salcë. Kur salca të jetë thithur plotësisht nga petët, shtoni karavidhen e prerë në kubikë dhe hiqeni nga zjarri. Transferoni në pjatat e servirjes dhe zbukurojeni me speca zile, farat e susamit dhe arra mac. Nëse dëshironi, spërkatni furikake rreth skajit të secilës pjatë me degëza cilantro.

OSTRA E SQARËS

91.Perle të thjeshta të pjekura në skarë

Përbërësit:

- 4 duzina goca deti, të pastruara
- Pika limoni
- 1 C gjalpë
- 1 lugë gjelle kripë të kalitur
- 1 lugë piper limoni

Drejtimet:

a) Ngrohni grilën e peletit në 350F.
b) Shkrihet gjalpi me kripë dhe piper limoni, duke i përzier mirë. Ziej 10 minuta.
c) Vendosni gocat e detit, pa lëvozhgë, në skarë me pelet.
d) Kur lëvozhgat hapen (3-5 minuta), përdorni një thikë gocë deti për të shkëputur gocën e sipërme dhe futeni përsëri në filxhan me pijen e nxehtë të gocës. Hidhni kapakun.
e) Shtoni një lugë çaji gjalpë të kalitur dhe shërbejeni.

92. Hudhra Asiago Oysters

Përbërësit:

- 1 paund gjalpë krem i ëmbël
- 1 lugë gjelle. hudhra të grira
- 2 duzina goca deti të freskëta
- $\frac{1}{2}$ C. djathë Asiago i grirë
- Bukë franceze, e ngrohur
- $\frac{1}{4}$ filxhan qiqra, të prera në kubikë

Drejtimet:

a) Filloni të grillni me pelet dhe ngroheni në të lartë mesatare.
b) Shkrini gjalpin në nxehtësi mesatare-të lartë. Ulni nxehtësinë në të ulët dhe përzieni hudhrën.
c) Gatuani 1 minutë dhe hiqeni nga zjarri.
d) Vendosni gocat e detit, filxhanin poshtë, në skarë me pelet. Sapo predhat të hapen, hiqini nga grila.
e) Mbyllni gocat e detit, duke mbajtur sa më shumë pije të detit në vend të jetë e mundur.
f) Pritini muskujt lidhës dhe kthejeni secilën gocë deti në guaskën e saj.
g) Spërkateni çdo gocë deti me 2 lugë çaji përzierje gjalpi dhe spërkateni me 1 lugë çaji djathë. Grijini në zjarr të lartë për 3 minuta ose derisa djathi të marrë ngjyrë kafe. Spërkateni me qiqra.
h) Hiqeni nga grila me pelet dhe shërbejeni menjëherë me bukë dhe gjalpin e mbetur anash.

93. Usabi perle

Përbërësit:

- 12 goca deti të vogla të Paqësorit, të papërpunuara në guaskë 2 lugë gjelle. uthull verë e bardhë
- 8 oz verë të bardhë 1/4 C qepe, të grirë
- 2 lugë gjelle. mustardë wasabi 1 lugë gjelle. salce soje
- 1 C gjalpë pakripur, të prera në kubikë 1 C gjethe cilantro të copëtuara
- Kripë dhe piper të zi për shije

Drejtimet:

a) Në një tenxhere, mbi nxehtësinë mesatare, bashkoni uthullën e verës së bardhë, verën dhe qepujt. Ziejini derisa lëngu të pakësohet pak. Shtoni mustardën wasabi dhe salcën e sojës, duke e trazuar.
b) Në zjarr të ngadaltë hidhet gradualisht gjalpi. Mos e lini përzierjen të vlojë. përzieni cilantron dhe hiqeni nga zjarri.
c) Gatuani gocat e detit derisa lëvozhgat të hapen. Hiqni gocat e detit nga grila e peletit dhe prisni muskulin lidhës nga guaska e sipërme,
d) Shtypni çdo gocë deti (në guaskë) në kripën e trashë për ta mbajtur atë drejt, më pas hidhni 1-2 lugë çaji me salcë wasabi-gjalpë mbi secilën dhe shërbejeni menjëherë.

94. Osterra të tymosura me erëza

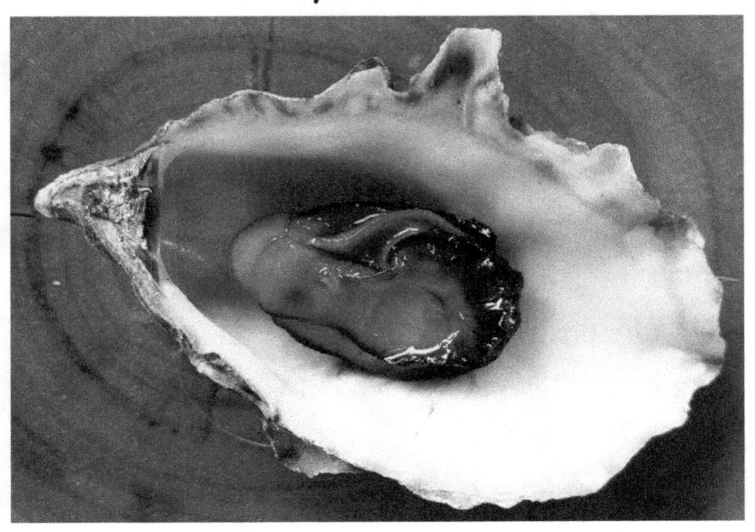

Përbërësit:

- $\frac{1}{2}$ filxhan salcë soje
- 2 lugë salcë Worcestershire
- 1 filxhan sheqer kaf të paketuar fort
- 2 gjethe dafine te thara
- 2 thelpinj hudhre, te grira
- 2 lugë çaji kripë dhe piper të zi
- 1 lugë salcë e nxehtë
- 1 lugë gjelle pluhur qepë
- 2 duzina goca deti të papërpunuara, të gërvishtura
- $\frac{1}{4}$ filxhan vaj ulliri
- $\frac{1}{2}$ filxhan (1 shkop) gjalpë pa kripë
- 1 lugë çaji hudhër pluhur

Drejtimet:

a) Në një enë të madhe, përzieni ujin, salcën e sojës, Worcestershire, kripën, sheqerin, gjethet e dafinës, hudhrën, piperin, salcën djegëse dhe pluhurin e qepës.
b) Zhytni gocat e papërpunuara në shëllirë dhe vendosini në frigorifer gjatë natës.
c) Vendosni gocat e detit në një rrogoz që nuk ngjit, spërkatni me vaj ulliri dhe vendoseni tapetin në duhanpirës.
d) I pini gocat e detit për $1\frac{1}{2}$ deri në 2 orë, derisa të forcohen. Shërbejeni me gjalpë dhe hudhër pluhur.

95.goca deti dhe molusqe rroje

Rendimenti: 1 shërbim

Përbërës

- 2 duzina goca deti
- 2 duzina molusqe rroje
- 2 lugë speca të freskët jalapeño
- ½ filxhan uthull vere të kuqe
- 2 lugë sheqer
- 1 lugë çaji Kripë
- 2 lugë qepë e kuqe; i grirë imët
- 6 gjethe menteje; byrynxhyk

Drejtimet

a) Ngrohni paraprakisht skarë ose skarë.

b) Pastroni dhe pastroni gocat e detit dhe molusqet me brisk dhe kullojini

c) Në një tas të vogël, vendosni specat e grirë, uthullën, sheqerin, kripën, qepën dhe nenexhikun dhe përzieni së bashku. Vendosni butak në skarë dhe gatuajeni derisa të hapen predha. E heqim dhe e vendosim në një pjatë të mbuluar me kripë guri. Vendoseni salcën e zhytjes në qendër dhe shërbejeni me pirunët e koktejit.

96.Perle të thjeshta të pjekura në skarë

Përbërësit:

- 4 duzina goca deti, të pastruara
- Pika limoni
- 1 C gjalpë
- 1 lugë gjelle kripë të kalitur
- 1 lugë piper limoni

Drejtimet:

a) Ngrohni grilën e peletit në 350F.
b) Shkrihet gjalpi me kripë dhe piper limoni, duke i përzier mirë. Ziej 10 minuta.
c) Vendosni gocat e detit, pa lëvozhgë, në skarë me pelet.
d) Kur lëvozhgat hapen (3-5 minuta), përdorni një thikë gocë deti për të shkëputur gocën e sipërme dhe futeni përsëri në filxhan me pijen e nxehtë të gocës. Hidhni kapakun.
e) Shtoni një lugë çaji gjalpë të kalitur dhe shërbejeni.

Sardele të pjekura në skarë

97. Zierje me sardele të pjekura në skarë

Rendimenti: 4 Shërbim

Përbërësit

- 4 lugë vaj ulliri
- 1 filxhan qepe te grira
- 2 gjethe dafine
- 1 kripë; për shije
- 1 piper i zi i sapo bluar; për shije
- $\frac{1}{2}$ paund sallam chorizo; prerë në feta 1/4 e trashë
- 12 thelpinj hudhre të plota; i qëruar, i zbardhur
- 1 filxhan i qëruar; tom i freskët me fara, i copëtuar
- $\frac{1}{2}$ paund patate të reja; të katërta
- 2 lugë çaji gjethe trumze të freskëta të copëtuara
- 2 lugë çaji borzilok të freskët të copëtuar
- 2 lugë çaji gjethe majdanoz të freskët të grirë
- 1 litër lëng pule
- 16 sardele të freskëta
- 16 hell druri; të njomur në ujë

a) Në një tenxhere të madhe, mbi nxehtësinë mesatare në të lartë, ngrohni 2 lugë gjelle vaj. Kur vaji të jetë nxehtë, shtoni qepët. Duke përdorur duart, shtypni gjethet e dafinës mbi qepët. I rregullojmë me kripë dhe piper.

b) Skuqeni për 8 minuta. Shtoni salsiçen dhe vazhdoni të gatuani për 2 minuta. Shtoni thelpinjtë e hudhrës dhe domatet. I rregullojmë me kripë dhe piper. Skuqeni për 2 minuta. Përzieni patatet dhe barishtet.

c) Shtoni lëngun e pulës dhe lëreni lëngun të ziejë. I hedhim sardelet me vajin e mbetur të ullirit. I rregullojmë me kripë dhe piper. Shtroni katër sardele në çdo hell druri. Vendosni hellet në skarë dhe gatuajeni për 2 minuta nga secila anë.

d) Hiqeni nga grila. Për ta shërbyer, vendoseni zierjen në qendër të çdo tasi të cekët. Shtroni një hell sardele mbi zierje dhe shërbejeni.

98. Sardelet e mbushura

Përbërësit

- 14 të mëdha (ose 20 sardele të vogla)
- 14-20 gjethe dafine të freskëta
- 1 portokall, i prerë përgjysmisht, më pas i prerë në feta
- për mbushjen
- 50 g (2oz) rrush pa fara
- 4 lugë gjelle vaj ulliri ekstra të virgjër
- 1 qepë e grirë hollë
- 4 thelpinj hudhre, te grira holle
- majë speci djegës të thatë të grimcuar
- 75 g (3 oz) bukë të freskët të bardhë
- 2 lugë majdanoz të freskët të grirë me gjethe të sheshta
- 15 g (½oz) fileto açuge në vaj ulliri, të kulluara
- 2 lugë gjelle kaperi të vogël, të copëtuar
- lëvore e ½ portokalli të vogël, plus lëng portokalli
- 25 g (1 oz) pecorino ose parmixhan të grirë imët
- 50 g (2oz) arra pishe, të thekura lehtë

a) Për mbushjen, mbulojini rrush pa fara me ujë të nxehtë dhe lërini mënjanë për 10 minuta që të mbushen. Ngrohni vajin në një tigan, shtoni qepën, hudhrën dhe ftonjtë e thatë të grimcuar dhe gatuajeni butësisht për 6-7 minuta derisa qepa të jetë e butë, por jo e skuqur. Hiqeni tiganin nga zjarri dhe përzieni thërrimet e bukës, majdanozin, açugat, kaperin, lëkurën dhe lëngun e portokallit, djathin dhe arrat e pishës. I kullojmë mirë rrush pa fara dhe i përziejmë, më pas i rregullojmë me kripë dhe piper sipas dëshirës.

b) Hidhni rreth $1\frac{1}{2}$ lugë gjelle nga mbushja përgjatë majës së kokës së çdo sardele dhe rrotulloni ato drejt bishtit. Vendosini ato fort në enën e pjekjes së cekët të lyer me vaj.

c) E lyejmë peshkun me kripë dhe piper, e lyejmë me pak vaj dhe e lëmë në skarë për 20 minuta.

d) Shërbejeni në temperaturë ambienti, ose të ftohtë si pjesë e një asortimenti antipastash.

99. Skumbri i Deviled

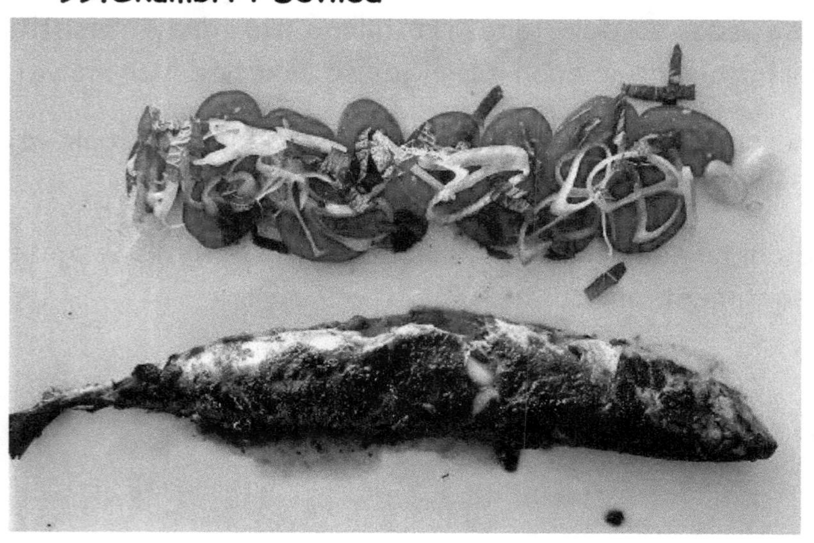

Shërben 4

- 4 skumbri, të pastruara dhe të prera
- 40 g ($1\frac{1}{2}$ oz) gjalpë
- 1 lugë sheqer pluhur
- 1 lugë çaji pluhur mustardë angleze
- 1 lugë piper kajen
- 1 lugë paprika
- 1 lugë koriandër të bluar
- 2 lugë gjelle uthull vere të kuqe
- 1 lugë piper i sapo bluar
- 2 lugë kripë
- për sallatën me nenexhik dhe domate
- 225 g (8oz) domate të vogla të pjekura në hardhi, të prera në feta
- 1 qepë e vogël, e përgjysmuar dhe e prerë shumë hollë
- 1 lugë gjelle nenexhik të freskët të copëtuar
- 1 lugë gjelle lëng limoni të freskët

a) Shkrini gjalpin në një tavë të vogël për pjekje. E heqim nga zjarri, i përziejmë sheqerin, mustardën, erëzat, uthullën, piperin dhe kripën dhe i përziejmë mirë. Shtoni skumbrin tek gjalpi me erëza dhe kthejini ato një ose dy herë derisa të lyhen mirë në përzierje, duke e përhapur një pjesë edhe në zgavrën e secilit peshk. I kalojmë në një tepsi të lyer me pak vaj ose në raftin e tavës së grilit dhe i skuqim në skarë për 4 minuta nga secila anë, derisa të gatuhen.

b) Ndërkohë, për sallatën, shtrojmë domatet e prera në feta, qepën dhe menten në katër pjata për servirje dhe spërkasim shtresat me lëng limoni dhe pak erëza. Vendosni skumbrin e gatuar pranë dhe shërbejeni, nëse dëshironi, me disa patate të skuqura në feta.

100. Açuge të kuruara ose sardele

Përbërësit

- 3 paund açuge shumë të freskëta
- ⅔ filxhan kripë kosher
- 2 gota vaj ulliri ekstra të virgjër
- 2 thelpinj hudhre te medha
- 1 lugë çaji thekon piper të kuq

a) Shpëlajini filetot mirë gjatë ditëve. dhe vendosini në një shtresë të vetme në peshqirë të pastër kuzhine që të thahen plotësisht; thajeni derisa sipërfaqja të jetë Peshku do të ruhet, i zhytur plotësisht nën vaj dhe i mbuluar fort, në frigorifer për në
b) Hidhni kripën në buzë të vogla për të paktën 4 muaj. Nëse dëshironi, pasi gjella dhe shtypni çdo fileto peshku në peshk të jetë ngurtësuar në vaj që kripa ta lyejë plotësisht në të dyja ditët, mund t'i transferoni me kujdes anët. Paketoni filetot e peshkut fort në to në një kavanoz kuart me kapak
c) Mbulojeni me mbështjellës plastik dhe me thekon hudhër dhe piper vendoseni në frigorifer për 12 orë.

PËRFUNDIM

Dëshironi të mahnitni mysafirët në festat tuaja të gatimit veror? Ushqimet e detit - nga karkaleca, fiston dhe bishtat e karavidheve te peshku juaj i preferuar - janë mënyra e përsosur për të treguar aftësitë tuaja në skarë me pak përpjekje shtesë. Përforconi ushqimet e detit të zgjedhura me marinada aromatike, gatuajini ato shpejt mbi një skarë të nxehtë dhe të lyer mirë dhe thjesht nuk mund të gaboni.

CPSIA information can be obtained
at www.ICGtesting.com
Printed in the USA
BVHW020735221222
654626BV00042B/610